周子峰
著

速讀

香港史

上冊

遠古
|
1949

了解過去

把握現在

前瞻未來

中華書局

導論
如何理解香港歷史？

作為英國的轄地，香港具有「非移民型殖民地」的特點。英國派遣行政官員、經濟管理、專業技術及軍警人員到香港維持治安，白人移民只佔本地人口的很小比例，本地華人的文化傳統得到相當程度的保留。1841年至1997年間香港歷史發展的主要脈絡，概可歸納為三條主線：

1 · 英人治港政策的演變

英人治港政策是隨着香港政治、社會、經濟、文化形勢的改變而不斷調整的。

開埠初期，英人僅將香港視為英國在華的經濟和軍事據點，華洋社會出現絕對隔離的形態。其後英人逐漸發現華人對發展香港經濟的重要性，認為華洋之間必須有所溝通，才能對華人進行有效管治。第二次世界大戰後，如何拿捏與新中國的關係成為英國對港政策的重要課題：總體而言，英國一方面重視維持與中國

的友好關係，拓展英國的利益；另一方面扶植西方華人精英，維持英國人對香港的有效管治。

2．香港華人社會的成長

經濟發展、移民和西式教育，推動了早期香港華人社會的成長。但早期香港華人對本地的歸屬感相當有限，大多抱有「難民心態」，僅視香港為暫居地，「借來的時間，借來的地方」正是這種心態的寫照。1970年代以後，港府為市民提供更多福利措施；1980年代本地經濟轉型與普及教育的發展，形成中產階級崛興，定居香港的華人，逐漸對香港產生歸屬感，產生本土意識。

3．中國因素的影響

香港在政治、社會、經濟及文化上，都與中國關係密切，內地發生的各種變革，都會對香港產生巨大的影響。

香港的華人移民絕大多數來自內地，定居香港後，仍與家鄉保持密切聯繫；加上 1949 年以前中外轉口貿易是香港的主要經濟命脈，兩地居民亦可隨時跨境通行，遂形成互通聲氣的密切關係。

新中國成立以後，中國政府希望利用香港作為突破西方陣營封鎖禁運的前沿陣地，擱置收回香港的問題；同時為擴大中國對香港的影響力，又在港經營各個具政治成分的組織，進行統戰活動。及後內地的文化大革命、改革開放、「六四事件」等，無不牽動香港的政經神經，對香港的發展影響深遠。

沿上述三條主線解讀香港史，有助讀者把握香港的過去、現在與未來。

香港史的歷史分期
與特點　　　遠古 ▶ 2020

前開埠時期 | 遠古 - 1840

- 自秦漢時期起，香港地區已被納入中國版圖內，中原人士開始遷居香港，帶來了較先進的文化和生產技術。
- 清代的遷界令改變了香港的人口和社會結構。
- 以農業及漁業為主。

開埠時期 | 1841 - 1860

- 1841 年 1 月，英人強行登陸香港，建立政治體制。
- 英人行歧視華人的政策，加上華洋缺乏溝通，使華洋社會隔離。
- 文武廟成為當時華人社會的議事中心。

華人精英冒升時期 | 1860 - 1914

- 香港成為中外貿易轉口港，經濟急速發展。
- 內地政局及社會持續動盪不安，大量富有及教育水平較高的華人移居香港。
- 西式教育普及，更多西化華人精英崛興。
- 港府襄助華人慈善事業，與華商維持合作關係。
- 內地的政治運動刺激華人民族主義興起。
- 辛亥革命後，港府漸次加強對華人民族主義的防範。

兩次大戰期間 | 1914 - 1938

- 物價飛漲，工人生活困苦，加上內地工運熾盛，導致 1920 年代的勞工運動此起彼落。
- 1925 年，省港大罷工爆發。
- 港府一方面壓制工運活動，另一方面爭取本地華人精英的認同，鼓勵他們維護傳統儒家觀念，恢復大罷工後的社會秩序。

第二次世界大戰及國共內戰時期 | 1939－1949

- 抗戰爆發後，香港成為中國南方抗戰的宣傳與活動中心。
- 1941 年 12 月，日軍佔領香港。
- 第二次世界大戰末期，國民政府被迫放棄收回香港，英人恢復對港管治。
- 「楊慕琦計劃」遭擱置，「仁慈的獨裁制度」成為戰後港府的主要施政方針。
- 左派力量崛興，港府開始限制親中勢力在港活動。

↓

中華人民共和國成立初期 | 1949－1959

↓

六十年代的香港 | 1960－1969

↓

香港本土意識的成長期 | 1970－1979

↓

中英談判及主權過渡時期 | 1979－1989

↓

後過渡期 | 1990－1997

↓

回歸後至第二任行政長官完成任期 | 1997－2012

↓

尋找新方向的香港 | 2012－2020

▼

- 見《速讀香港史（1949 至 2020）》

目錄

contents

chapter 1

第二章
香港開埠了！
1840 ▶ 1860

chapter 3

第三章

時間來到
十九世紀後期

1860 ➤ 1900

chapter 4

chapter 5

第五章

野蠻生長，一戰至二戰初期的香港

1914 ▸ 1941

第六章

風暴來臨，日佔及國共內戰時期

1941 ▶ 1949

chapter 6

第 一 章

英佔前的
小小香港

遠古

▼

1840

香港已有人類活動

被納入中國版圖

遠古 → 先秦 → 秦漢 → 魏晉南北朝

大事記

● 遠古時代，香港地區已有人類足跡。

● 秦漢時期，香港即被納入中國版圖。

● 早期香港經濟以鹽業和採珠業為主。
清中葉，受「遷界令」影響，沿海居民被迫內徙，
漁業與農業得到較大發展。

● 同時，客家移民大量遷入。

● 香港島的經濟發展較為緩慢，島上人口較少，
居民多以航海、捕魚及務農為業。

● 直到英人佔領香港，香港始出現巨變。

頒佈遷界令
· 香港的鹽業等式微
· 漁業和農業得到發展
· 族群結構出現變化

居港中原人士增加

隋 → 唐宋 → 元 → 明 → 清代 →

很久很久以前的香港

香港地區最早的人類足跡

早在**公元前 4000 年**，香港地區已有人類的足跡。考古學家發現，當時定居香港地區的居民已懂得**製造陶器**，他們在海邊居住，**以漁獵採集為生**。在南丫島深灣發掘出的墓坑中，留有不少人類的顱骨，該墓可能是人牲祭祀坑，死者可能是作為祭祀品被砍頭殺死，死後被吃掉，只剩下頭顱。這種做法與其他原始社會氏族的習尚相近。

及至公元前 3000 年左右，這批居民可能因為自然環境變遷之故，突然在香港地區銷聲匿跡。

古越族人的遷入

公元前 1500 年左右，即夏商之際，**古越族人**開始從廣東移居香港地區。他們住在海邊，活動範圍卻擴展至附近的山崗和台地，可能更掌握了原始農耕技術。他們使用幾何印紋陶和刻劃紋陶器，與福建、廣東等地的古越族遺址所出土的陶器極為相近。

*二十世紀末，因新機場的興建，赤鱲角被夷平，因此，虎地灣及過路灣已湮沒於現在的機場。

・香港地區遠古時期重要遺址分佈圖・

1　春坎灣	8　大浪灣	15　龍鼓上灘
2　沙埔村	9　東灣	16　湧浪
3　大灣	10　沙螺灣	17　沙柳塘灣
4　蘆鬚灣	11　虎地灣*	18　蟹地灣
5　深灣	12　過路灣*	19　萬角咀
6　西灣	13　沙洲	
7　鯆魚灣	14　銅鼓	

早在六千年前，香港地區已有人類居住。

考古學家在屯門湧浪遺址發現不少**石器工具**，當中以石斧、石錛、石鑿為多；又掘出古代的船錨，推斷出他們已懂得造船捕魚，並曉得採集野生植物的纖維紡紗織布做衣裳。

此外，考古學家又在石壁東灣、屯門湧浪、赤鱲角、虎地等地的墓穴發現各式貴重的**陪葬品**，可見當時社會已出現**階級分野**。在湧浪遺址還出土了供禮儀用的大型石鉞，説明當時湧浪的氏族已出現軍事領袖，氏族間的掠奪戰爭亦可能相當普遍。

為甚麼遺址多半位於海邊？

香港進入秦漢與南北朝時期了！

秦漢時代

香港地處中國南方沿海，遠離國家經濟文化中心，社會發展緩慢。秦始皇**平定南越**，**置三郡**，郡下設縣，香港地區便屬**南海郡番禺縣**（縣治在今廣州老城區）。秦始皇又下令徵集平民開發嶺南，中原先進的文化及生產技術因而傳入，改變了香港地區的經濟面貌。

漢武帝為增加國庫收入，實行鹽鐵專賣。漢室於番禺縣設立東西兩處鹽官，東面的鹽官稱為「東官」（治所在今深圳南頭），香港的**鹽業**亦得到相當發展。考古學家在本地港灣的沿海坡地上，發現大量與煮鹽業有關的**蜃灰窰**，可見當時製鹽業的興盛。

·古代香港由誰管？（遠古－1841年）·

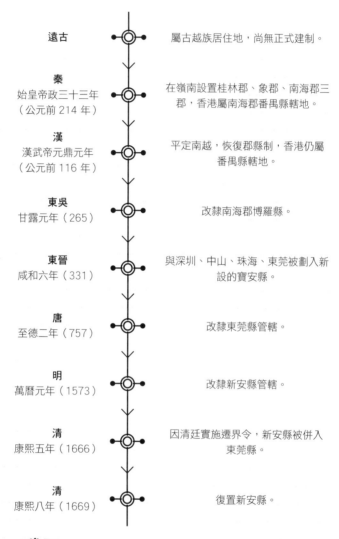

遠古 — 屬古越族居住地，尚無正式建制。

秦
始皇帝政三十三年
（公元前214年） — 在嶺南設置桂林郡、象郡、南海郡三郡，香港屬南海郡番禺縣轄地。

漢
漢武帝元鼎元年
（公元前116年） — 平定南越，恢復郡縣制，香港仍屬番禺縣轄地。

東吳
甘露元年（265） — 改隸南海郡博羅縣。

東晉
咸和六年（331） — 與深圳、中山、珠海、東莞被劃入新設的寶安縣。

唐
至德二年（757） — 改隸東莞縣管轄。

明
萬曆元年（1573） — 改隸新安縣管轄。

清
康熙五年（1666） — 因清廷實施遷界令，新安縣被併入東莞縣。

清
康熙八年（1669） — 復置新安縣。

長知識了
HK

香港位處漢帝國邊陲，為防止偷運私鹽，漢室在南丫島大灣、大嶼山白芒等地設軍駐防。考古學家在上址兩地分別發現不少青銅兵器及鐵鋌銅鏃，顯示香港地區已落實漢代的屯田制度。

三國南北朝時代

三國孫吳甘露元年（256），政府在番禺設司鹽校尉，管理香港地區鹽場。

東晉末年，孫恩、盧循發動叛亂。元興二年（403），劉裕率兵討伐。盧循敗亡後，餘部退居廣東南部海中，稱盧餘，其地稱盧亭，可能是今日的大嶼山。

相傳南朝劉宋年間（420－478），印度高僧**杯渡禪師**曾居於屯門，後人遂稱該地為杯渡山（即今青山）。

 notes.

番禺縣、博羅縣、寶安縣、東莞縣、新安縣
——香港曾經是它們的管轄地。

 P.9

盜墓筆記
——李鄭屋漢墓

李鄭屋漢墓的出土

李鄭屋漢墓是 **1955** 年政府在李鄭屋村夷平山坡,興建徙置大廈時發現的。當時香港大學中文系系主任林仰山教授(Prof. Frederick Seguier Drake)率領師生在政府工務局人員協助下挖掘。漢墓於 1957 年由市政局接管及對外開放。1988 年被列為香港**法定古蹟**。

墓室的佈局特色

從墓室的形制、墓磚銘紋及出土文物等推斷,該墓約建

於**東漢時期**。漢墓的佈局呈「十」字形，共有四個墓室。墓室屬磚室墓，由長 40 厘米、闊 20 厘米和厚 5 厘米的磚塊砌成。而磚塊刻有十多種花紋及文字「**大吉番禺**」，墓室的入口通道在正式出土前已遭破壞。

據國學大師饒宗頤的考證，墓磚上的文字為漢代隸書，當可作為李鄭屋古墓屬東漢墓的有力佐證。「大吉番禺」顯示漢代香港應屬於番禺（今廣州）的管轄範圍內。墓磚中「薛師」兩字，應為造磚匠題名。

墓室內並沒有發現遺體，但有逾五十件**陪葬品**，包括陶器、銅器等，反映東漢時期的香港農、工業發展及建築藝術已達一定水平。

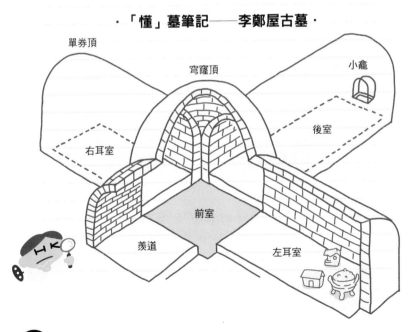

·「懂」墓筆記──李鄭屋古墓·

單券頂

穹窿頂

小龕

右耳室

後室

前室

羨道

左耳室

重點

東漢時期的香港農、工業發展及建築藝術已達一定水平。

不少學者推測墓主可能是鹽官或與鹽政管理有關的官員或其家屬。據考古學家推斷，漢墓在興建之時靠近海邊，但現時漢墓所在的山腳處，已離開海岸有相當距離，可能是珠江帶來的沙泥沉積下來的結果。**漢墓的發現，成為自漢代開始，中國已對香港實施直接管治的證據。**

 為甚麼學者都推測古墓主人是官員或其家屬呢？

1.4

唐宋時期的香港
是怎樣的？

唐代至五代時期

唐代初年，香港地區屬**廣州府寶安縣**管轄，及至唐中葉改屬**東莞縣**。區內居民以**輋**（粵音邪）、**傜**兩族為主，沿海地區則多為**蜑民**。輋族所耕的「梯田」亦稱「輋田」。有學者認為在今日新界及離島的山麓上，仍有不少輋（斜）田遺跡，亦有不少以「輋」字或「洞」字為稱號的地名（如沙田的上、下禾輋，上水的古洞等），極可能是早期輋、傜兩族聚居之地。

隨着廣州對外貿易日趨興盛，唐政府於廣東珠江口外的交通要衝地**屯門**設立「屯門鎮」鞏固海防，甚至一度增加兵丁至二千人。

南漢時期（917－971），大埔海（今吐露港一帶）被稱為「媚珠池」，有不少人在該地**採珠**。南漢政府在大埔設置「媚川都」，專門管理採珠。到明末清初，香港採珠業已基本停頓。

·香港唐宋時期遺跡·

屯門，唐初的交通要衝，唐政府於該處設立「屯門鎮」鞏固海防。

大埔海（今吐露港一帶），五代時被稱為「媚珠池」，有不少人在該地採珠。

新界

九龍半島

香港島

今九龍灣西北岸的官富鹽場，於南宋初年設置，範圍約包括今日土瓜灣至尖沙咀及將軍澳。

九龍城以南的宋王臺，南宋末年建立臨時的朝廷，後人遂立「宋王臺」以作紀念。

兩宋時期

北宋初年，宋室在大奚山（今大嶼山）沿海一帶設海南柵**鹽場**；南宋初年間，又在今九龍灣西北岸設官富鹽場。

南宋慶元三年（1197），大奚山傜人聚眾攻打廣州，宋軍屠殺島上傜民，島上人口劇減。**此時亦有更多中原人士移居香港**，如原籍福建莆田的林松堅、林松柏兄弟，相傳於宋朝年間，兄弟二人在行船時遇颶風，抱木浮至南堂島。後來林氏子孫便定居九龍莆崗。

南宋景炎元年（1276），元軍攻陷首都臨安，朝臣陳宜中、張世傑、陸秀夫在福州擁立趙昰為帝。相傳宋帝昰在位期間，在今九龍城以南一帶建立臨時的朝廷，後人遂立**「宋王臺」**以作紀念。

notes.

「鹽業」、「採珠」、「種香」是香港古代三大產業。

搬家大行動
——遷界令

遷界令推行始末

自順治十八年（1661）起，清廷為防止沿海居民與在台灣的鄭成功政權交往，下令沿海居民**遷入內陸**，當時香港地區約有 24 個鄉遷入界內。凡屬遷界地區，房屋、土地全部被焚毀或廢棄，沿海居民**不准出海**。

遷界令的推行，除**破壞社會經濟**外，更導致**海盜活動**猖獗，因此，福建和廣東兩省的駐邊大臣不斷上書朝廷請求復界。清廷最後於康熙八年（1669）准許居民返回故里，重復舊業。康熙二十二年（1683），遷界令徹底廢除。

·進擊的遷界令！·

-- 香港地區遷海界線
◎ 主要村落
✕ 清軍在香港設立的主要駐防據點

香港的人口和經濟結構改變

遷界期間，香港一度被廢置，形成香港歷史空隙。學者指出，新安縣第二次遷界時，共遷出居民約 4,000 人，剩下大約 2,000 人。至康熙十一年（1672），人口才回復至約 3,700 人。

遷界令改變了香港的人口與經濟結構。

遷界令也導致**客家人**大量遷入香港地區。至嘉慶二十三年（1818），新安縣的人口達 239,112 人，其中大多數是由外地移入的墾荒農民，當時新增的村落有 366 個，客籍村落有 345 個，反映出客家人遷入香港及深圳地區的概況。九龍地區亦出現了如蘇屋村、李屋村、鄭屋村、衙前圍、蒲崗村、竹園村等村落。

此外，**遷界令給香港經濟帶來重大改變**。乾隆年間（1736－1795），香港地區多處鹽場被裁撤，鹽田改為稻田，製鹽業趨於式微，採珠和種植莞香等行業亦無法復興。復界後定居香港的居民，多以捕漁和務農維生，使香港**漁業和農業**較從前得到了更大的發展。

- 所謂遷界，即將沿海五十里劃地為界，強迫居民遷入內陸，並禁止出海。
- 遷界期間，香港一度被廢置。
- 遷界令給香港經濟帶來重大改變！「鹽業」、「採珠」、「種香」三大產業式微，漁業和農業卻發展起來了。

1.6

明清時期的
海防攻略

明代香港的海防

明代（1368 - 1644）時期，沿海地區屢遭**海寇**和西方
殖民主義者侵擾，政府決定加強沿海**海防力量**。洪武
十四年（1381），政府建大鵬所城，守護大鵬灣海面
及今新界東北部。但因兵力薄弱，成效有限。

嘉靖十五年（1536），政府在香港及其鄰近濱海一帶，
增設**南頭寨**；萬曆十四年（1586），政府以廣東總兵
鎮守南頭寨，負責六個地區的防務。其中佛堂門、龍船
灣、大澳在香港境內。萬曆十八年（1590）政府又廢
除總兵，改設參將鎮守南頭寨，置分總四員，哨官八員，
大小兵船 80 隻，官兵 2,334 人；另有陸兵一營，哨官
五員，共官兵 529 人。

·（清）道光初年香港的海防設施·

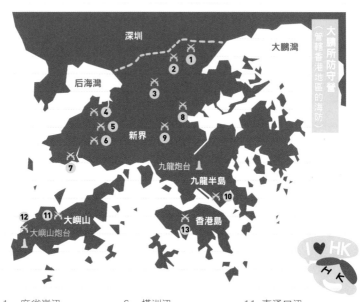

1	麻雀嶺汛	6	橫洲汛	11	東涌口汛
2	龍塘汛	7	屯門汛	12	大嶼山汛
3	焦逕汛	8	大埔頭汛	13	紅香爐汛
4	輞井汛	9	城門凹汛		
5	官涌汛	10	海口汛		

清代香港的海防

清初復界以後，政府積極鞏固香港海防。康熙二十一年（1682），政府將新安縣分東西兩路設防，香港屬於東路防區，添設有汛營。

雍正年間（1723－1735），政府又分別於佛堂門和大嶼山加設炮台和營房；後再於東涌口增建汛房八間，並築圍牆，名為東涌寨城，又於該處石獅山腳，建炮台兩座，名為東涌石獅炮台，置兵房和火藥房。**可見香港作為中國的南方大門、交通要道，擁有重要的防務地位。**

鴉片戰爭初期，大鵬營參將賴恩爵建議在九龍增設炮台，經林則徐奏請後得到批准，於 1840 年 4 月建成尖沙咀（今水警總部所在的山崗）及官涌（今九龍佐治五世公園）兩座炮台。可是由於中國的軍事技術水平遠遠落後於英國，兩個炮台所發揮的作用非常有限。

明清兩代政府已認識到香港在海防上的重要性。

新界五大族

在傳統中國社會，宗族是有效的地方組織，與官府合作保證了地方社會的運作。新界影響力最大的五姓，人稱**「新界五大族」**。

鄧氏

原籍江西吉安府，為新界**勢力最大**的宗族。相傳其四世祖鄧符協定居岑田（後改稱「錦田」），設力瀛書院講學，成為鄧氏遷居新界的始祖。其後族人在新界開枝散葉，尤以定居於**錦田**、粉嶺**龍躍頭**、**厦村**、**屏山**等房最為昌盛。

文氏

原籍江西永新北鄉錢市。相傳南宋末年，其祖文天瑞因堂兄文天祥抗元兵敗被殺，遂逃往今深圳，其後人文孟常遷居**新田**，成為新田房開基祖。文氏亦有後人遷居**泰坑**，是為泰坑房。

廖氏

原籍福建汀州，元末其祖廖仲傑定居新安（今寶安），傳至明萬曆年間（1573－1620），七世祖廖南沙建立了今日的圍內村，因處梧桐河上，故名**上水鄉**。

侯氏

原籍廣東番禺。北宋時侯五朗遷至上水地區，其後人侯卓峰遷至**河上鄉**。據侯氏族譜所載，除河上鄉、金錢、丙岡、燕岡、孔嶺外，侯氏族人尚散居於谷豐嶺、鳳岡、大隴、榕樹澳等地。

彭氏

原籍江西宜春盧陵。南宋年間（1127－1279），彭桂遷居新安境內，成為新界彭氏的開基祖。明萬曆年間，彭氏族人遷居**粉嶺**，立圍居住。

宗族是香港新界最具影響力的地方社會組織。

· 新界五大族住哪裏？ ·

姓氏	祖籍	來港定居年代	主要居港地
鄧	江西吉安府	北宋	元朗、粉嶺、青衣島、葵涌、錦田、厦村、屏山
文	江西永新北鄉錢市	元代	新田、屏山、大埔
廖	福建汀州	元代	上水
侯	廣東番禺	北宋	上水河上鄉
彭	江西宜春盧陵	南宋	粉嶺

1.8

英佔前，香港人
如何「搵錢」？

古代香港的主要經濟活動包括**採珠**、**製鹽**、**種植香木**、**農業**、**漁業**等。開埠前，採珠業因政府的禁止而式微；製鹽業、香木生產因遷界令而一蹶不振，而農業、漁業則得到發展。

新界墟市的發展

盛清時期**新界地區是香港的經濟重心**，居民主要以耕種及捕魚為主，村落和人口數目遠較香港島為多。為滿足村民交換農產品的需要，各地**墟市**（即鄉村定期集市）陸續湧現。

· 新界有哪些墟市？ ·

元朗（舊）墟

- 建立時間：康熙八年（1669）
- 建立人：鄧文蔚所設。他在復界後將原來位於元朗河口西岸大橋墩的墟市，移至今日的舊墟。

大埔（舊）墟

- 建立時間：康熙十一年（1672）
- 建立人：鄧祥和鄧天章

石湖墟

- 建立時間：嘉慶（1796 - 1820）初年
- 建立人：廖氏、侯氏及鄧氏族人

隔圳墟

- 建立時間：創設較石湖墟為早，後因被石湖墟取代而廢棄
- 建立人：侯氏

廈村墟

- 建立時間：乾隆年間（1736 - 1795）
- 建立人：鄧氏族人

香港島的經濟狀況

香港島經濟發展較為緩慢，居民多以航海捕魚及務農為業。新界大族亦有在香港島開墾農地，如錦田鄧族擁有黃泥涌、香港仔和薄扶林的土地，上水廖族擁有掃桿埔的土地。英人佔領香港時，香港島約有 7,500 人，散居於島上二十多個村莊內。

英人佔領香港後，香港地區的經濟重心從新界轉移至香港島。

notes.

• 鴉片戰爭前，新界最大的墟市是元朗墟和大埔墟，兩者均為鄧氏族人控制。

• 試想想為甚麼香港在開埠前後的經濟重心區如此不同？

第二章

香港
開埠了！

1840

▼

1860

第一次鴉片戰爭爆發

英人佔領香港島

中英簽署《南京條約》
· 香港島正式成為英國殖民地

1840　　　**1841**　　　**1842**

大事記

● 1841 年 1 月，英人強行登陸香港島。

●英人在港實施自由貿易港政策，吸引各國商旅來港貿易。

●英人建立以總督為首的「行政主導」政治體制。

●佔領初期，華洋關係緊張。

● 1857 年發生毒麵包案，港英政府改變策略，
　　試圖利用華商精英控制華人社會。

● 1860 年代後，華洋關係進入新階段。

第二次鴉片戰爭爆發

毒麵包案
· 港府開始調整治港政策

中英簽署《北京條約》
· 英國強租九龍

1856

1857

1860

2.1

香港的轉捩點——
第一次鴉片戰爭的爆發

中國的閉關自守政策

自十八世紀以降，西方列強開展工業革命，科技發展一日千里，科技與軍事實力遙遙領先中國。鴉片戰爭前，清廷採取**閉關政策**，只容許外國商人在**廣州**做買賣，並規定有關買賣必須由**中國公行商人**負責，西方商人對此十分不滿。

為擴大對外市場，英國先後派遣馬甘尼使團（MaCartney Mission）及阿美士德使團（Amherst Mission）於 1793 年及 1816 年到中國，要求清廷開放市場，但遭拒絕。

鴉片大量輸入所引起的糾紛

自十九世紀初，**鴉片**開始大量輸入中國，英國對華貿易由輸入多於輸出（入超）變為輸出多於輸入（出超），促進了英國本土工商業的發展。

鴉片的大量販賣，不僅荼毒了中國人的**健康**，還導致中國**白銀大量外流**，銀價飛漲，使清廷的**財政危機**惡化。

1838 年，湖廣總督**林則徐**上書主張立刻**嚴禁鴉片貿易**，道光帝同意並任命他為欽差大臣，前往廣東查禁鴉片。1839 年 3 月，林則徐在廣州執行嚴厲的禁煙措施，下令所有外商交出鴉片，並保證以後不再販運，否則「貨盡沒官，人即正法」。

駐華商務總監**義律**（Charles Elliot）呼籲英商繳出鴉片，但拒絕簽署保證以後不再輸入鴉片的誓盟書。1839 年 7 月，英國水兵於九龍尖沙咀村（約位於今尖沙咀加拿芬道、赫德道、康和里一帶）毆斃村民**林維喜**，英方堅拒交出兇手，中英關係進一步惡化，清廷下令斷絕中英貿易。

1840 年 3 月，英國國會議決對華用兵，第一次鴉片戰爭正式爆發。

鴉片戰爭掀開了香港歷史的新一頁。

· 第一次鴉片戰爭的背景：白銀去哪兒？·

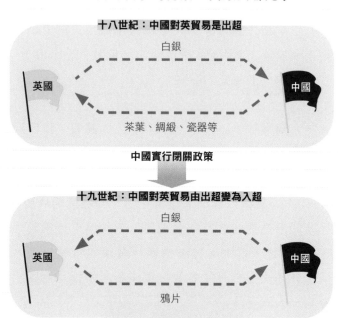

十八世紀：中國對英貿易是出超

白銀

英國　　　　　　　　　中國

茶葉、綢緞、瓷器等

中國實行閉關政策

十九世紀：中國對英貿易由出超變為入超

白銀

英國　　　　　　　　　中國

鴉片

英國本土工商業由此加快發展

清廷斷絕中英貿易

第一次鴉片戰爭

原來如此！

notes. 貿易上，貨品輸入多於輸出，
　　稱為「入超」，容易蝕錢；
輸出多於輸入稱為「出超」，容易掙錢。

2.2

英國人佔領香港島

義律與琦善的交涉

林則徐勒令英商繳出鴉片後,英國鴉片船盤踞香港島北部海面,將附近水域變為鴉片走私的主要巢穴,中英雙方曾在香港地區爆發九龍山和官涌之戰。1839 年 11 月,英國外相巴麥尊(Henry J. T. Palmerston)下令英軍佔領中國沿海的一個島嶼,作為英人在華的集結地點及軍事行動基地。

1840 年 6 月,英軍封鎖珠江口後,大舉北上。道光帝派大學士**琦善**負責對英交涉。義律多次向琦善提出割讓香港島的要求,起初遭到琦善拒絕,義律便派兵佔領虎

門沙角和大角兩炮台，迫使琦善讓步。1841 年 1 月 18
日，琦善答允向道光帝上奏，請將香港島劃為英人通商
寄居之地。

英軍強行登佔香港島

1841 年 1 月 25 日，英軍強行登陸香港島**水坑口**。後
義律發出文告（即《義律文告》），宣稱「香港島已割
讓給英國君主」，並自任「行政長官」。從此英人開始
在香港島北部大興土木，作為英國統治香港的中心。
巴麥尊對義律與琦善有關割讓香港島之談判結果異常不
滿，認為香港對英國並無太大的經濟利益，改任砵甸乍
（或譯「璞鼎查」，Henry Pottinger）接替義律的在
華職務。

沒過多久，中英繼續開戰，英軍先後攻佔廈門、定海、
寧波、鎮江等地。道光帝派耆英、伊里布與英人議和。
1842 年 8 月，中英簽訂**《南京條約》**，香港島正式成
為英國的殖民地。次年英國政府委任**砵甸乍為香港首任
總督**。

·英國人如何步步佔領香港？·

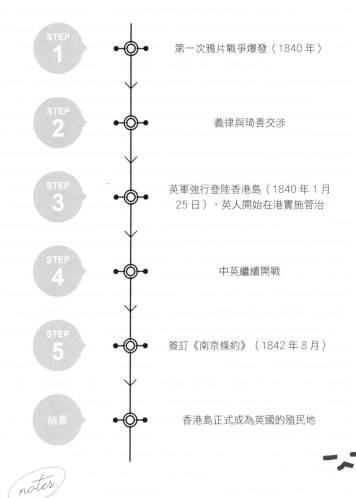

STEP 1 　第一次鴉片戰爭爆發（1840 年）

STEP 2 　義律與琦善交涉

STEP 3 　英軍強行登陸香港島（1840 年 1 月 25 日），英人開始在港實施管治

STEP 4 　中英繼續開戰

STEP 5 　簽訂《南京條約》（1842 年 8 月）

結果 　香港島正式成為英國的殖民地

notes.

有學者指琦善與義律簽訂「穿鼻草約」，
答應割讓香港予英國，實無其事。

重點

英人對香港的統治始於一八四一年一月。

2.3

初來乍到，
如何管治？

香港總督權力受多方掣肘

開埠以來，港府即具有**「行政主導」**的特點，香港總督（簡稱「港督」）是港府的行政首腦，也是英皇在港的全權代表。其權力由英國皇室所發出的**《英皇制誥》**（The Letters Patent）及**《皇室訓令》**（Royal Instructions）所賦予。

理論上港督可說是香港的獨裁者，但事實上並非完全如此。

1. 《英皇制誥》強調港督只能按照倫敦給予的指示去行使權力;

2. 英國政府有權為香港制訂法律,並駁回香港立法局通過的法例;

3. 港督可以反對行政局建議,但必須立刻向倫敦匯報事件因由;

4. 在港英商亦可透過各種渠道(如英國議會或傳媒),向本國政府對港督的施政作出批評。

行政局與立法局的地位及成員結構變化

行政局與**立法局**是香港殖民政治體制下的議政機關。行政局(早期稱為「議事局」)的責任是協助港督施政,並向港府提出建議;立法局(早期稱為「定例局」)的主要任務是制定法律,議員可就政策事務向港府提出詢問。

開埠初期行政與立法兩局成員完全相同,除港督擔任主席外,兩局各有成員三人,全由**政府官員**兼任。行政局直到 1896 年,才加入兩個非官守議員名額。立法局方面,由於香港英商社群要求參與本地立法事務,1850 年 6 月,港府委任怡和洋行的大衛·渣甸(David Jardine)出任立法局首任**非官守議員**。1850 年至 1900 年,立法局的非官守議員約七成由商人擔任。

重點

「行政主導」是香港作為英國殖民地的傳統。

·開埠初期香港殖民政治制度的建立與形成·

首長

- 港督不再兼任駐華公使及商務總監事務，專任港府的首長。

行政

- 英國殖民官僚與英資財團共治局面形成，港府先後增設立法局及行政局的非官守議席。

立法

- 立法局組織、職能基本定型，議員的權力逐漸擴大。

司法

- 司法制度從與行政一體到相對獨立，正按察司不可再出任立法局議員。

官員

- 1862年起，港府開始實行官學生制度（從英國本土挑選優秀的大學畢業生學習中文，學成後先在港充任港府通譯員），為日後政務官制打下基礎。

notes.

《英皇制誥》是英治時期香港的憲制性法律文件，規定了香港的行政、立法及司法機關的組成和權力。《皇室訓令》是《英皇制誥》的補充，闡述行政局及立法局運作的具體安排，訂明立法程序，並進一步明確規範港督的權力。

>_<

2.4

最重要是
自由貿易港！

政策的起源和內容

1841 年義律與英軍司令伯麥（James John Gordon Bremer）為鼓勵商業發展，聯名發表文告，宣佈在港華商的財產將得到英國政府的保護，並保證任何中國船隻進入香港時均不需要向英國政府繳付關稅，從而奠定了香港作為**自由貿易港**的地位。

政策的成效

英人在港推行自由貿易港政策，吸引不少原來在廣州經營的外資商行轉到香港發展。

·開埠初期港府的經濟策略·

貿易措施

- 推行自由貿易港政策
- 對絕大多數的進出口商品免除徵稅
- 興建港口設施及其他市政工程
- 提升香港作為東亞貿易轉口港的競爭力

經濟措施

- 注重經濟立法
- 保障在港商人財產的權益
- 以拍賣土地所得的收入補貼政府的行政支出等

目標

- 使香港成為英國在華貿易的據點

最先到港的英商以鴉片商人為主,從事這項貿易的洋行,以**怡和**和**顛地**(或譯「寶順洋行」)規模最大。顛地洋行於 1841 年從廣州遷至香港,在今日中環置地廣場的位置建立辦事處和貨棧。

怡和洋行於 1844 年將總部從澳門遷至香港,使香港成為該公司對華業務的基地。

香港自由貿易港政策亦為中國沿海居民帶來經濟機會，吸引了粵澳兩地居民來港從事各類經濟活動，澳門作為中西貿易中心之地位漸被香港取代。

1842 年以後，葡人移居香港者日眾。1849 年澳門土生葡人德芬諾（Delfins Noronha）在港開設印務所，為香港有印務所之始。香港的繁榮進而吸引僑居澳門的華商來港發展，1857 年毒麵包案（見 2.8）的主角張霈霖即為典型例子。

notes.

- 在當時英國本土流行「古典經濟學派」，以亞當・史密斯（Adam Smith）為代表，認為自由貿易能達到增加國家整體利益的目標。他主張政府應盡量減少對經濟活動的干預，而鞏固經濟所賴以發展的各種制度及設施。

- 英國外交大臣阿伯丁說：「香港應成為一個自由港，因此港口稅應盡量輕微，可以指望的主要財政收入來源，就是土地。」（1843 年 1 月對砵甸乍的訓示）

P.9

2.5

二元化與保甲制

確立二元化法制

英人佔領香港的主要目的，是為了發展貿易。因此，1841 年義律發出文告，強調「對香港的土著和前往該島的所有中國人，應按照中國的法律和慣例進行管理」。**在不損害英國管治香港權利的情況下，治理香港華人時，中國法律與習俗應取代英國法律與習俗**；若華人與英國人同時涉案，則應由本地法庭按個別情況考慮。

同時，由於殖民政治的本質及英人的種族偏見，港府也實行了**歧視華人**的政策。

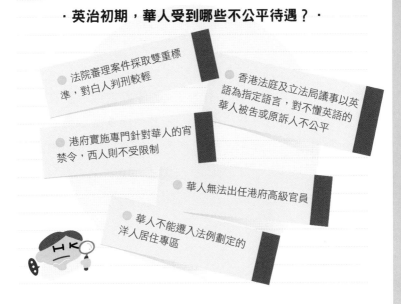

·英治初期，華人受到哪些不公平待遇？·

- 法院審理案件採取雙重標準，對白人判刑較輕
- 香港法庭及立法局議事以英語為指定語言，對不懂英語的華人被告或原訴人不公平
- 港府實施專門針對華人的宵禁令，西人則不受限制
- 華人無法出任港府高級官員
- 華人不能遷入法例劃定的洋人居住專區

推行「保甲制」

英人佔領香港的最初二十年內，對本地華人採取了**「以華制華」**的「間接管治」政策，即下放部分權力，**令華人自我管理**，以減輕政府的行政負擔。鑑於開埠初期香港治安非常壞，港府仿效清廷，於 1844 年立法確立「保甲制」。該制度將華人每十戶編為一甲，每甲設有甲長；每十甲為一保，每保設有保長。保長與甲長皆由居民選出，屬榮譽性質，另設「地保」作為保甲制的代理人。

1853 年港府擴大地保的權力，使地保不只可以介入調停華人間的糾紛，更擁有裁決權。

1857 年港府鑑於華人反英情緒空前膨脹，遂擴大地保職權，規定地保在本甲範圍內，**可行使警察權力**，協助政府維持治安。

1857，發生毒麵包案（見 2.8），令在港西人社群反對華人自理訴訟的呼聲日高；再加上英國本土政府對英華二元制統治方式亦感不滿，港府被迫在 1861 年廢除保甲制。

港督戴維斯說：「唯有施行中國刑法——包括笞刑、剪辮、戴枷及放逐，才能使華人罪犯恐懼，從而阻遏罪案，改善治安。」
　　　　　　　（1845 年 3 月）

2.6

給你一個規劃城市發展的機會：港島篇

英人的城市規劃及「四環九約」

英人在香港實施管治之後，開始在香港島北岸動工興建女王城（Queen's Town，後改稱**「維多利亞城」**，Victoria City），以作為殖民地的行政中心，並修築皇后大道（Queen's Road）作為主要幹道。

早期英人對香港島的城市規劃，重點是**保障軍政用地和商業用地**，同時**注重洋人社群的居住特權**。1841年11月，港府將今花園道以西的範圍定名為「政府山」（Government Hill），後修築港督府等政府建築物；政府山以東至灣仔間的土地，則給予英軍使用，並興建

軍事設施。沿海的皇后大道聳立着眾多資商行與金融機構，標誌着英商在早期香港經濟發展上的支配地位。

維多利亞城的城區範圍，隨着香港人口的增加而不斷擴展，逐步發展成華人所謂的**「四環九約」**。

·一起來看1903年的「維多利亞城」的城區！·

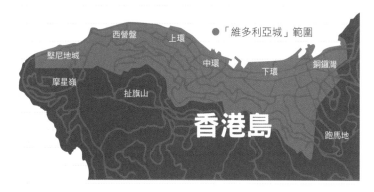

四環
- 下環：由灣仔道起至軍器廠街
- 中環：由美利操場起至威靈頓街與皇后大道中交匯處止
- 上環：由威靈頓街與皇后大道中交匯處至國家醫院止
- 西環：由干諾道西起至堅尼地城止

九約
- 第一約：堅尼地城至石塘咀
- 第二約：石塘咀至西營盤
- 第三約：西營盤
- 第四約：干諾道西東半段
- 第五約：上環街市至中環街市
- 第六約：中環街市至軍器廠街
- 第七約：軍器廠街至灣仔道
- 第八約：灣仔道至鵝頸橋
- 第九約：鵝頸橋至銅鑼灣

華洋隔離的居住形態

早期華洋社會涇渭分明，一般極少往來。從 1840 年代初起，港府實行**種族隔離**政策，將中環維多利亞城中心劃為洋人專屬居住區，迫令該地華人遷居太平山（今上環卜公花園一帶）。

至 1860 年代，域多利皇后街成為華洋社區的分隔線，洋人主要居住於中環及半山區，華人則集中居住於上環及港島以西地區。太平山是著名的華人貧民區，上環是華人商業區，文武廟（見 2.7）與東華醫院為華人領導階層的議事中心，文咸西街是從事南北轉口貿易的「南北行」（見 3.4）集中地。

早期香港的城市規劃具有種族隔離的特點。

notes.

P-9

1906 年，香港華人首富何東購入山頂大屋，成為首位居住在山頂的香港華人。

開埠初期，華人情況

華人社會人口質素低，性別比例失衡

英人佔領香港後，在香港島大興土木，吸引中國沿海眾多民眾來港謀生。1844 年 4 月，香港華人共有 19,009 人，其中有 13,000 人以上聚居「維多利亞城」（見 2.6）和附近港灣。1840 年代的華人新移民，主要來自廣東各地，大多是苦力、勞工、小商販以及海盜、鴉片煙販、三合會會員等社會低下階層，**人口流動性極大**，導致**社會治安惡劣**。另據統計，1848 年香港的女性人口只佔當時總人口的 20%。

·開埠初香港華人社會是怎樣的呢？·

人口構成
- 多是珠江三角洲移民，鄉籍意識極為濃厚
- 包括社會低下階層、失業遊民、罪犯等
- 女性人口比例較低，帶來娼妓及拐賣婦女等社會問題

華人領袖的特點
- 擁有財富
- 出身卑微
- 道德水平普遍不高

與洋人社群的關係
- 華人與洋人社區之間缺乏溝通
- 華人的正當權益與需要受漠視

社會組織形態
- 「街坊」組織
- 廟宇
- 秘密會黨

文武廟是早期香港華人社會的議事中心

為了生計，不同籍貫的香港移民競爭激烈。但為了與港府交涉及維持社區治安，各區居民在商人的領導下，逐漸建立了本區的**「街坊」組織**和**「寺廟委員會」**，用以維持社會治安及舉辦宗教慶典。

重點

香港早期的「街坊」成員均為同區的居民，有彼此聯絡、提倡互助精神的特點。由於開埠初期官僚貪斂，外籍警察既不懂華語又不熟悉華人習俗；而華人對香港法律制度所知不多，亦缺乏信心，因此華人唯有按照中國傳統社會慣例，以廟宇為中心，以集會解決彼此間的糾紛，尤以**上環文武廟**最為突出。

1847 年，華人領袖盧亞貴與譚亞才出資興建文武廟，並在廟旁的公所仲裁華人爭議。1851 年，各鄉籍華商店主出資擴建文武廟，廟宇值理由各區街坊組成，**變相成為非官方的華人領袖，而文武廟則與港府的司法機關並立，秘密處理華人事務。**

notes.
　上環文武廟現在是香港的法定古蹟。

2.8

由一批毒麵包
引起的政策改變

查不出主謀的毒麵包案

早期香港華洋社會隔絕，港府缺乏通曉華語的人才，加上官員質素普遍低下，故這一時期港府與華人關係並不融洽（見 2.5）。1856 年，中國水師緝捕走私活動，在英船**「亞羅號」**上拘捕了 12 名中國水手，英方要求釋放水手及道歉，中方拒絕道歉，英軍遂炮轟廣州。

在這樣的背景下，1857 年又發生了毒麵包案：1 月 15 日，香港洋人發生集體中毒事件，中毒者有 300 至 400 人，調查發現中毒者均吃過灣仔裕盛（Esing）麵包店所出售的麵包，而麵包竟被人下了**砒霜**。事件引發洋人

社群的憤怒。店主張霑霖向香港警方投案，經審訊被判**無罪釋放**，但由於洋人社群領袖的強烈要求而被**逐離香港**，而本案因查不出主謀和下毒證據，成為**懸案**。

港府吸取教訓改革治港政策

毒麵包案令港府**意識到加強與華人社會溝通的重要性**。為提升官僚質素，港督夏喬士‧羅便臣於 1862 年實施**官學生制度**，從英國本土挑選優秀的大學畢業生學習中文，學成後先在港充任港府通譯員，再分派至政府各部門任職。

港府又出版**政府憲報的中文版**，刊登政府的律例和公告；重新設置**總登記官**（Registrar General），加上「**撫華道**」的稱銜（Protector of the Chinese），便於向華人社會宣傳政府政策。

同時，港府開始加強與華商領導階層之對話，試圖以**華商精英**為中介控制華人社會，從而使 1860 年代以後的華洋關係進入一個較為融洽的新階段。

·毒麵包案後，港府的治華政策有何改變？·

毒麵包案前

香港華洋社會
關係緊張

毒麵包案後

港府加強與華人溝通

政策措施
● 實施官學生制度
● 出版政府憲報的中文版
● 重設總登記官
● 加強與華商領導階層的溝通

華洋社會之間的矛盾是毒麵包案掀起軒然大波的主因。

重點

notes.

1913 年，「總登記官」改稱為「華民政
務司」。1969 年又改稱「民政司」，
1994 年再改稱「政務司」。

香港多了九龍

英人決意吞併九龍的原因

英人侵佔九龍，部分原因出自**香港城市發展的需要**。自開埠以來，香港人口急速增長，佔領九龍則可為香港社會提供必需的資源。

英人侵佔九龍的另一原因是為了**加強香港島的防務**。《南京條約》（見 2.2）簽訂後，清廷增強九龍半島的防務，使英人感到受威脅；另一方面，清軍的潰敗也使他們看出清廷的無能，港督寶靈（John Bowring，亦譯為「包令」）開始關心九龍半島問題。

1856 年**第二次鴉片戰爭**爆發，兩廣總督葉名琛委派新安縣士紳陳桂籍對香港展開騷擾活動，次年發生的毒麵包案更掀起滿城風雨，使英人決心侵佔九龍半島。

· 英人對九龍半島「得一想二」的原因 ·

● 香港島人口急速增長，有發展的需要

● 清朝在九龍半島建設防務，威脅英人對香港島的殖民統治

● 英人看穿了清政府的無能

● 毒麵包案揭起滿城風雨

we want howloon!

英國

原來如此!

英人割佔九龍半島

1857 年 12 月，英法聯軍佔領廣州，俘虜兩廣總督葉名琛。1858 年 5 月，聯軍攻佔大沽炮台；6 月，清廷與英、法兩國簽訂《天津條約》，後雙方因換約問題再起衝突。

1860 年 3 月，英國駐廣州領事巴夏禮（H. S. Parkes）與兩廣總督勞崇光簽訂租約，強租九龍半島（包括昂船洲），規定英方只需每年按時繳納租銀 500 兩，中國政府便不得要求歸還九龍半島。同年 10 月，英法聯軍強迫清廷簽訂 **《北京條約》**，改稱將九龍半島正式割讓予英國。

割佔九龍半島後，英人在九龍半島開闢了羅便臣道（今彌敦道）、麥當奴道（今廣東道）、德輔道（今漆咸道）等主要幹道，把九龍半島納入香港市區內。

2.10

為數不多卻重要的西式教育

教會教育主導時期

港府在早年甚少干預教育事業，而由**志願團體**辦學。其時，基督教傳教士紛紛東來，為了傳教，以教會名義在港興辦教育事業，早期的**著名教會學校有英華書院、馬禮遜學堂**及**聖保羅書院**。

英華書院由英國傳教士馬禮遜（Robert Morrison）及米憐（William Milne）於 1818 年在麻六甲開辦，後於 1843 年遷至香港。馬禮遜學堂由馬禮遜教育會於 1839 年創於澳門，1842 年遷往香港灣仔。該校除教授中國傳統經典外，亦重視英語、西方歷史、數學及基

督教知識。聖保羅書院由英國聖公會牧師士丹頓（The Reverend Vincent John Stanton）1843 年創辦於中環。該校旨在於訓練教師和培養華人傳教人才，課程以英文為主，中文為輔。

早期入讀教會學校的學生大多**出身貧窮**，甚至是**孤兒**，讀書是為了學習英文，以便找到更好的工作，追求基督教或西方知識的只屬少數。而教會辦學的最終目的必定是傳教，與中國傳統的辦學理念不同。

官立學校的興起

及至 1850 年以後，港府察覺到培育通曉中英文人才的重要性，便改革教育政策，直接興辦**官立學校**。其中，以 1862 年創辦的**中央書院**（今皇仁書院）最為重要，近代中國不少重要人物（如何啟、孫中山）都是該院畢業生。

中央書院採取英國文法中學體制，早期課程中英並重，但在 1878 年港督軒尼詩（John Pope Hennessy）的指引下，開始增加英語授課，大量縮減中文授課節數，從而奠定了殖民地時代香港英文學校的課程模式。

此外，一些慈善團體亦先後設立義學，提供中文教育。

·早期香港西式學校的部分著名校友·

基督教傳教士是香港西式教育的開拓者。

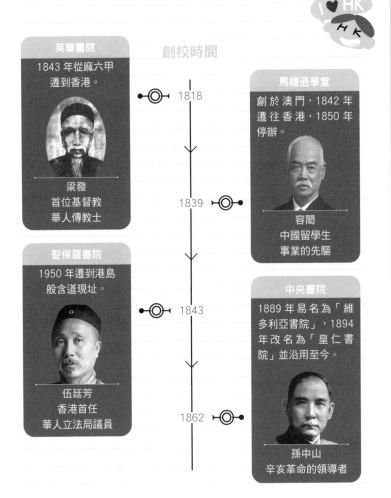

創校時間

英華書院
1843 年從麻六甲遷到香港。

梁發
首位基督教華人傳教士

馬禮遜學堂
創於澳門，1842 年遷往香港，1850 年停辦。

容閎
中國留學生事業的先驅

聖保羅書院
1950 年遷到港島般含道現址。

伍廷芳
香港首任華人立法局議員

中央書院
1889 年易名為「維多利亞書院」，1894 年改名為「皇仁書院」並沿用至今。

孫中山
辛亥革命的領導者

1818
1839
1843
1862

chapter 3

時間來到
十九世紀後期

1860

▼

1900

港府加強與華人精英合作

滙豐銀行創立

團防局成立

東華醫院成立

1865

1866

1870

大事記

●第二次鴉片戰爭後,香港作為中外貿易轉口港
的地位愈來愈重要。

●晚清時期,內地局勢持續動盪,
大量教育水平不錯的富人移居香港。

●這一時期,港府與華人商人有較好的合作。

●華商能提供社會服務,免去政府大筆財政開支,
也能改善低下階層華人的生活環境,穩定社會。

●西式教育在香港蓬勃發展,
培養出一批溝通中西的人才。

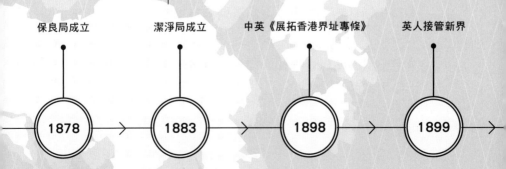

保良局成立　　　　潔淨局成立　　　中英《展拓香港界址專條》　　英人接管新界

1878　→　1883　→　1898　→　1899　→

我們是轉口貿易港

轉口貿易港

第二次鴉片戰爭後，香港與內地的經濟聯繫逐漸加強。香港擁有**自由貿易港**的優勢，當中西貿易全面開展時，**香港的重要性日益增強**。

香港開埠初期，對外貿易基本上仍然維持鴉片戰爭前中外貿易的格局，主要貿易對象為中國內地，貿易途徑仍然以中、英、印三角貿易為主：中國內地向香港出口糧食和建築材料，並經香港向英國及英國統治下的印度轉口茶葉、絲、棉花、大米、豆類等中國土產；印度經香港向中國內地出口棉花、鴉片；英國經香港向中國內地出口工業產品。

據中國海關數據顯示，自 1864 年至 1912 年間，香港對內地貿易總額平均年增長率約為 3.8%；至 1912 年，兩地貿易佔中國對外總貿易量的 29.34%。

此時香港已發展成為**內地進出口商品的集散地**，以及中國沿海各通商口岸的**轉運貿易中心**。尤其是到了十九世紀末期，香港的貿易範圍已不限於華南，還向華東、東北、西南等地區擴展。進口貨品除棉花和鴉片外，還包括煤油、食油、火柴、燃料、大米、金屬製品等，而出口貨物除早期的絲、茶葉等商品外，還有大豆、皮革、植物油、煙草等。

·香港在中國內地對外貿易中所佔比例（1871－1903）·

（%）

年份	中國內地從香港進口貨品所佔比例（上段，淺色）	中國內地從香港出口貨品所佔比例（下段，深色）	合計
1871-1873		14.7	32.5
1881-1883		25.4	36.2
1891-1893		39.3	51.2
1901-1903		40.8	41.6

■ 中國內地從香港進口貨品所佔比例　　■ 中國內地從香港出口貨品所佔比例

原來如此！HK

輪船及港口設施

1860 年代以後，**輪船時代**正式開始。到了十九世紀末，香港已成為**亞洲航運中心**，進入香港的船隻噸位穩步上升。至 1910 年代，旅客基本上可在香港乘船前往亞洲大部分重要沿海城市。

港府推行自由貿易港政策，修築港口基建設施，同時進行**大規模填海工程**以保障商業用地的供應。以香港為根據地的英資公司，目睹航運事業獲利豐厚，開始開拓輪船運輸及其相關業務，例如 1863 年英商合資創辦**香港黃埔船塢公司**、1900 年太古公司在港島建立**太古船塢**等，使**香港成為華南地區最大的船隻維修與製造中心**。

 notes.

1893 年，中國內地與香港的貿易佔中國對外總貿易量 47.85%，是歷史最高點。

3.2

萬萬想不到的
華僑之力

苦力貿易的興衰

西方列強在美洲、亞洲等地建立殖民地，往往需要大量**廉價勞動力**建設殖民地經濟，當時積弱的中國便成為列強掠奪勞動力的重點地區。鴉片戰爭後，許多華南沿海華人成為「苦力掮客」（豬仔頭），或被外商**誘拐販運**到美洲及澳洲等地當苦力。香港亦成為**「苦力貿易」**的主要轉口港。

當時由於華工受虐的情況日趨嚴重，在輿論壓力下，1855 年，港府立法檢查離港船隻，確保船上沒有搭載非自願的中國移民，但這一政策效果不顯著。直至

1872 年至 1873 年，兩廣總督瑞麟嚴厲打擊苦力貿易，港督堅尼地（Arthur Kennedy）亦於 1873 年頒令禁止苦力船停靠香港，苦力貿易才漸告衰落。

人口流動及僑匯資金促進了香港的經濟發展

1870 年代以後，仍有不少內地沿海居民迫於生計，不惜離鄉別井，每年有十多萬移民經香港進出中國內地，香港**輪船事業**與**旅客服務業**亦因此興盛。

同時，**華僑**在外洋經商致富後，都不免思念家鄉。但早期清廷視海外華人為「罪民」和「漢奸」，導致這些華僑不敢回國；再則當時內地缺乏創業營商的機會，而香港為華南地區交通樞紐，加上社會相對穩定，不少華僑選擇定居香港，作為投資內地的踏腳石。

此外，大多數華僑有定期匯款回鄉的需要，**僑匯**遂構成亞太地區資金流動的主要內容。香港是外資銀行的集中地，許多來自僑民的外資經香港匯返內地，使香港成為僑匯的中心。

華僑對香港經濟發展作出了巨大貢獻。

·華僑對香港的經濟助力·

* 香港是內地同胞「走出去」的窗口,帶動輪船事業與旅客服務業。

* 華僑於海外經商致富,再回流香港定居。

* 外資銀行雲集的香港日漸成為僑匯的中心,大多數美洲、東南亞的僑匯,均經由香港匯返內地。

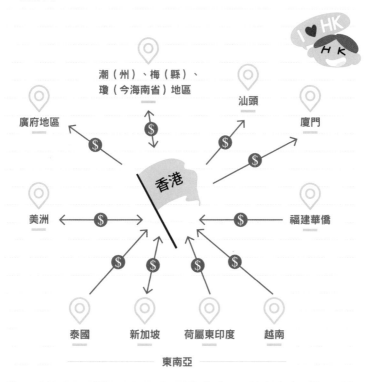

潮(州)、梅(縣)、瓊(今海南省)地區

汕頭

廈門

廣府地區

香港

美洲

福建華僑

泰國　新加坡　荷屬東印度　越南

東南亞

notes.

當時的華僑一般指居住在外國的中國人。據香港移民官的報告,1855 年至 1867 年從香港出洋的華人共 147,763 人。

P.9

3.3

就是它！
早期的銀行業

開埠初期銀行業的發展

1860 年後，西方銀行資本逐步控制了中國沿海的經濟命脈，其中以**英資銀行**地位最為重要。

開埠初年香港已是外資銀行的集中地。第一家在香港開業的銀行是東藩匯理銀行（亦稱「麗如銀行」），創於 1842 年。第二家進入香港的是有利銀行，該行於 1857 年在港開業。其後渣打銀行（亦稱「麥加利銀行」）、法蘭西銀行、印度東方商業銀行等先後進入香港。從香港開埠至 1865 年，至少有 11 間銀行在港開設分行或辦事處。當時大部分在港的外資銀行以經營**貿易押匯**

和**國際匯兌**為主，不同於為一般公眾服務的零售商業銀行。

滙豐銀行的成立

1865 年 3 月，蘇格蘭商人蘇石蘭（Thomas Sutherland）籌資五百萬港元， 創立**滙豐銀行**，成為**首家以香港為基地的銀行**。1872 年，滙豐銀行從東藩匯理銀行手中取得港府的往來賬戶，並致力於吸收存款，逐漸發展成為香港最大的銀行。

及至 1870 年代末期，滙豐銀行在**昃臣**（Thomas Jackson）的管理下得到迅速發展。滙豐銀行着眼於以中國為中心的亞洲金融業務，在中國各大商埠及東亞各大城市設立分行及辦事處，分行遍及上海、漢口、橫濱、神戶、西貢、新加坡、曼谷等大城市。至 1902 年，滙豐銀行已在亞洲開設了 21 間分行及辦事處。到二十世紀初，滙豐銀行已成為**遠東地區英資第一大銀行**，在香港扮演着中央銀行的角色，對亞太經濟有着舉足輕重的影響。

滙豐銀行的崛興奠定了香港作為亞太金融中心的地位。

·早期香港居然有這麼多發鈔銀行！·

在港成立年份

1845　東藩匯理銀行
香港第一家發鈔銀行，1845 年發鈔，1884 年倒閉。

1857　有利銀行
1862 年發鈔，1892 年停止發鈔。1912 年恢復發鈔，
至 1974 年停止。

1859　渣打銀行
1862 年發鈔至今。

1862　呵加喇匯理銀行
1863 年發鈔，1866 年倒閉。

1863　印度東方商業銀行
1866 年發鈔，同年倒閉。

1865　滙豐銀行
1865 年發鈔至今。

原來如此！
HK

滙豐銀行因何崛興？
· 早期股東多係在華實力雄厚的外資洋行與富商。
· 得到英國政府、港府及英國控制的中國海關的支持。
· 把握外商需要，確立了在華國際匯兌業務的支配地位。
· 在英國支持下成為清廷對外舉債的主要貸款人。

1891　中華匯理銀行
1891 年發鈔，1911 年倒閉。

3.4

窮華人？
富華人！

「南北行」、「九八行」與「金山莊」

隨着香港轉口貿易港地位的確立，華商勢力日漸興盛。當時從事南北兩線貨物轉口貿易的華人商行，大部分集中於**「南北行街」**（即今文咸西街）等地，分為廣州幫、潮福幫和山東幫三大派系。「九八行」是指代客買賣貨物的行號，因九八抽佣，故稱「九八行」；「金山莊」則是指專營北美與澳洲貿易的商號。1864 年，華商為避免爭執，共訂**《南北行規約》**七條。1868 年南北行商人設立**南北行公所**，後九八行亦加入公所。

買辦的崛起與興盛

香港開埠後，英資洋行紛紛遷到香港。原來活躍於廣州、黃埔的買辦也隨着這些洋行移居香港。1850 年代，中外貿易日漸繁榮，買辦的人數迅速增加，財力和影響力亦顯著增長。1851 年受僱於香港外資洋行的買辦僅 6 人，1871 年和 1881 年已分別增加到 76 人和 95 人，1891 年更增加到 126 人。買辦**利用特殊的身份迅速致富**，成為香港華商中一股重要的經濟力量。

華商的經濟實力

據官方統計，1855 年末，香港個人繳納地稅十英鎊以上者有 141 人，其中華人有 42 人，約佔總數的三分之一。到了 1876 年，香港納稅最高的 20 人中，有 8 位是華人，不少富商在香港都擁有大量物業。隨着華人經濟力量的上升，1880 年**伍廷芳**成為首位立法局華人議員，立法局內必須設有華人議席的原則從此確定。

·超級中間人——如何辨認「買辦」·

 身份
● 洋行業務的實際經理人或外商的代理人。

 雙重身份
● 具洋行僱員和獨立商人的雙重身份。

 商業活動
● 受外商派遣，攜巨款入內地進行商品購銷、磋商價格、訂立交易合同、收付貨款、保證華商信用等活動。

 工作職責
● 要向洋行主動承擔以及保證洋行全部購銷任務的完成，從而使洋行老闆無需承擔風險就能隨心所欲地開展進出口貿易業務。

 收入結構
● 薪俸只是其洋行僱員身份的標誌，佣金才是其重要收入。

香港經濟發展促成華商的崛起。

 notes.

南北行公所樓下設置水車，以備消防救火之需；另置「邏更館」巡邏本街，防備盜賊。

3.5

轉變中的華人社會

內地動亂導致移民的大量湧入

早期移居香港的華人，大多屬於社會低下階層。1850
年代以後，因內地戰亂頻仍，不少**珠江三角洲的富戶遷
居香港避禍**。其中 1856 年第二次鴉片戰爭爆發後，廣
州民眾放火焚毀「十三行商館區」，從此**廣州的外國商
行陸續遷港復業**，華人買辦（見 3.4）亦跟隨至香港定
居。上述兩類新移民的遷入，使香港華人的質與量都得
到提高。

·十九世紀下半葉香港人口的增長·

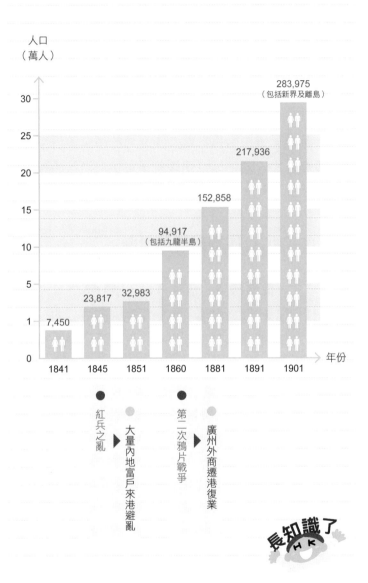

人口
（萬人）

- 283,975（包括新界及離島）
- 217,936
- 152,858
- 94,917（包括九龍半島）
- 32,983
- 23,817
- 7,450

年份：1841　1845　1851　1860　1881　1891　1901

紅兵之亂　▶　大量內地富戶來港避亂

第二次鴉片戰爭　▶　廣州外商遷港復業

新社會階層的興起

航運事業的發展，使香港變為華僑集散地。這批**歸國華商**與過去在港紳商相比，思想較為西化，**更願意接受西方的新事物。**

傳教士和殖民政府所興辦的**西式學校**（見 2.10），則培養了一批既保留中國傳統觀念，亦勇於挑戰舊習與舊傳統的**專業人士**。其中部分**知識分子**更憤於清廷的喪權辱國，毅然投身革命。

同鄉組織的蓬勃

1870 年代，**同鄉組織**的活動日趨活躍。不少華人移民組織以「堂」的形式出現，這些組織最初成立的動機，往往源於提供殮葬和祭祀等服務，為在香港的同鄉謀取福祉。

1900 年代開始，成立**商會**已成為香港華人同鄉組織發展的主要趨勢，商人也藉此發揮影響力。隨着華人民族主義的蓬勃發展，香港華人同鄉商會組識不時為中國的賑災與慈善事業出錢出力，並積極參與內地革命事業。

半官方的團防局
與潔淨局

團防局

早期香港治安狀況惡劣。早在 1850 年代，港島市區的「街坊」已自行組織**「更練」**維持治安。1866 年，民間傳出將有大批盜匪從廣州襲擊香港的流言，各區華人代表決定從各自所屬的組織中選出合適人選擔任「更練」，費用由地方分攤。未幾，此組織**得到港府立法承認**，「團防局」正式誕生。

1888 年港府再度立法，強調團防局必須受華民政務司控制。1891 年團防局被納入政府建制內。團防局由華民政務司兼任主席，與香港警隊合作，協助港府處理民間糾紛，並向華人社會宣傳港府政策。

· 解拆團防局 ·

1866 年成立

功能
- 協助香港警察在華人社區執法
- 防盜、救火、協助處理民間糾紛
- 向華人社會宣傳港府政策

特點
- 成員基本上全為華人男性
- 全盛期人數不超過 160 人
- 經費主要由華人自行籌措

政府的監管
- 立法規範其活動
- 通過華民政務司進行嚴控
- 委任華人精英掌管運作

潔淨局（即後來的市政局）

開埠初期，香港衞生情況惡劣。1881 年英國政府派遣查維克（Osbert Chadwick）來港調查衞生情況。查維克建議設立全職衞生官，解決香港衞生問題。港府遂於 1883 年成立潔淨局。

最初潔淨局成員全屬政府官員，後增至十人，包括非官守成員六人，其中二人在**差餉繳納者**名單中選出，這是**香港開埠以來的第一次選舉**。

1894 年**鼠疫事件**後（見 3.7），港府檢討衛生政策，全面實施**定期入屋潔淨消毒**的衛生措施，並逐步**修建排水及排污系統**。1908 年港府成立潔淨署（後來改組為「市政事務署」），作為潔淨局的行政部門，又委任一名政務官同時出任潔淨局主席和潔淨署總辦。1909 年起潔淨局改為「清淨局」，1935 年改組為市政局，1999 年正式解散。

notes.

團防局的領導多出身東華醫院或保良局管理委員會（見 3.7、3.8）。1949 年，團防局的警察功能正式被香港警察機構完全取代。

P.9

3.7

東華醫院以及
鼠疫事件

東華醫院成立

早期香港醫療服務嚴重不足，隨着人口的急速增長，市民對醫療服務的需求與日俱增。1850 年代起，香港**華人經濟力量日趨雄厚**（見 3.4），對香港的**歸屬感日漸增強**，有能力亦有意願投入資源從事慈善醫療活動，以**鞏固自己在華人社會的地位**。

東華醫院成立契機，是**廣福義祠事件**。廣福義祠位於港島太平山街，建於 1851 年，是向貧民提供施棺殮葬服務的慈善機關，收容不少垂死病人，但衛生環境異常惡劣。1869 年，義祠情況被報道後，引發香港**輿論界的**

批評。適逢當時港府推行賭博合法化政策，以圖增加稅收，但遭到英國政府的責難，恰好華人精英提議創辦由華人管理的貧民醫院，港府便利用**賭捐收入**，資助興辦貧民醫院，加上**華人巨賈慷慨捐資**，東華醫院遂得以於1870 年正式成立。

從此，東華醫院逐漸取代文武廟（見 2.7）， 成為**華人精英的議事中心**，主導華人社會的事務，並為華人向政府爭取合理權益。

鼠疫的爆發及東華醫院的態度

1894 年 5 月，香港爆發**大規模的鼠疫**，死亡人數超過2,500 人。當時港府為防鼠疫蔓延，**草草埋葬**病死者屍體，令貧苦華人大感憤怒，由此爆發了**民眾攻擊潔淨局事件**。民眾指責東華醫院的紳董袖手旁觀，無法捍衛華人權益。

事後**東華醫院順應民意，要求港府改變政策**，引起港府的極度不滿。部分接受過西方教育的華人精英亦對東華的保守提出批評，説明香港華人精英因**新舊價值觀的衝突**而產生了分化。

港府對東華醫院的整頓

1896 年，港府設立調查委員會，討論東華醫院的前途問題。委員會成員普遍**對中醫持否定態度**，最後港府決定逐步將醫院**納入西醫建制**。自 1903 年起，港府每年資助東華醫院 6,000 元；1906 年，東華醫院組成長年（永久）顧問委員會，由華民政務司出任當然主席，港府**直接監管**東華的院務。至日佔時期，東華醫院正式結束中醫留院服務。

·速讀「東華醫院」的成立與服務·

成立背景

遠因

- 大量內地移民湧入香港，醫療設施嚴重不足
- 華人經濟力量日趨雄厚
- 華人對香港的歸屬感增強
- 華人希望透過支持醫療事業鞏固社會地位

近因

- 廣福義祠事件引起輿論猛烈批評
- 港府積存的賭捐收入正好能資助籌辦經費

早期的慈善事業

- 免費中醫診治服務
- 喪葬及原籍安葬服務
- 香港及內地的賑災和濟貧活動
- 興辦義學，推動平民教育
- 管理廣福義祠、文武廟等廟宇

notes.

當時的華人甚為迷信，不願病人死在家中，貧民唯有將無法治癒的病人送往廣福義祠，等待死亡。

3.8

聽說過保良局嗎？

成立背景

香港開埠初期，由於男女比例嚴重失衡，**妓業**極為興盛。據估計，1870 年代，香港華人妓女約有 16,000 至 20,000 人之多，**逼良為娼**及**拐賣婦女**的事情屢見不鮮。1865 至 1891 年，香港拐賣婦孺案共 1,481 宗，平均每年 54.9 宗。1872 年 9 月，華商向港督請求立例禁止逼良為娼，以保護婦女，次年港府同意東華醫院僱偵探（暗差）偵查緝拿拐匪。1878 年，部分東華醫院紳董在港府軒尼詩的支持下，另組「保良公局」，負責被拐賣婦孺的生活。公局於 1880 年正式成立，隨後改稱「保良局」。

興辦的宗旨和發展

保良局以「保赤安良」為宗旨，主要是**遏止誘拐婦孺，為受害者提供庇護及教養**。保良局正副主席主要來自富裕的華商階層，情況與東華醫院相同。1887 至 1899 年間，保良局歷任 116 名總理，以南北行商人、買辦（見 3.4）、金山莊商人最多。早期保良局的經費除了該局同人的捐助外，主要由東華醫院、文武廟、街坊公所提供。保良局借用東華的「平安」、「福壽」兩樓作為婦孺的收容所，直至 1932 年，保良局在港島銅鑼灣的局址正式啟用。

自 1893 年起，港府開始加強對保良局的監管。同年 6 月，立法局制定法例，規定保良局董事會須由港督提名，以華民政務司為當然主席、立法局華人議員為當然副主席。

保良局是香港早期保障婦孺福利的慈善機構。

· 利益交換──港府與華商的關係 ·

港府

港府允許華商主導華人社會的原因

⬤ 由華商提供社會服務，港府能免去大筆支出，又能改善華人社會低下階層的苦況，維持社會安定。

⬤ 華商奉行儒家保守思想，強調社會秩序和諧，利於英人統治。

⬤ 港府可從華商方面取得有關華人社會的資訊及意見，利於政府施政。

⬤ 港府需要利用華商繁榮香港經濟。

華商與港府合作的原因

⬤ 華商的經濟利益與自由貿易緊密結合，具有依附於外國資本的特點。

⬤ 華商了解到必須與港府合作，才能確保他們既得的經濟利益及社會地位。

華商

有香港史學者指出，保良局和東華醫院在興辦慈善事業時，以維護傳統禮教為依歸。如保良局保護婦孺是以「崇正黜邪」為宗旨，而非以為婦女抱不平為出發點。

3.9

再見新界

甲午戰爭後中國面臨被瓜分的危機

早在 1860 年代,在港英人(包括英軍及英商)即開始
主張殖民政府拓展地界,作墳場、英軍訓練場地之用等。

1894 年,港督威廉‧羅便臣(William Robinson)主
張把九龍以北至深灣間的土地,以及靠近香港水域的島
嶼,併入香港界內,以保障香港的防備。建議起初並未
引起英國政府重視,但 1894 年中國於甲午戰爭戰敗後,
被迫簽訂《馬關條約》,**列強相繼強佔中國沿海港口,
威脅英人在華的利益**,英國政府遂決意奪取新界及離岸
島嶼的治權。

《展拓香港界址專條》與英人接管新界

1898 年 6 月，中英簽訂**《展拓香港界址專條》**，清廷被迫將界限街以北、沙頭角海到深圳灣之間最短距離直線以南的土地，及大嶼山等 235 個島嶼租予英國，**租期 99 年**。當時的輔政司**駱克**（James Stewart Lockhart）對新界情況進行調查後，建議港府治理新界時，應該維護中國的舊傳統。

· 1898 年，新界的狀況 ·

 人口

- 據駱克估計約有十萬人

 經濟活動

- 自給自足的農業經濟
- 多數村民以務農及捕魚為生

 社會狀況

- 圍村型居住聚落
- 宗族為社會組織的主要元素
- 宗族間經常因爭奪資源及風水問題而械鬥
- 鄉長與宗族長老在村內擁有相當大的權力

 文化生活

- 儒家倫理道德觀極具影響力
- 大族多設私塾為子弟提供傳統的基礎教育
- 重視風水與「八字」占卜等

最初新界居民不欲接受英國的統治。1899 年 4 月 3 日，警察總監（Captain Superintendent of Police）梅含理（Francis Henry May）往大埔視察，與鄉民發生衝突，需要經沙田逃回香港島。新界各鄉壯丁聯合來自深圳、東莞的村民，聚集在大埔，抵制英人接收新界。4 月下旬，英軍擊潰鄉民，開往錦田吉慶圍，**拆去吉慶圍的鐵門，以示警戒**，從此英國正式確立對新界的管治。

notes.

駱克能說一口流利的廣東話，熟悉中國及香港事務，與香港首位獲封為爵士的華人何啟是好朋友。如今位於香港灣仔區的駱克道（Lockhart Road）即以他命名。

風雲歲月，辛亥革命前後的香港

1900

▼

1914

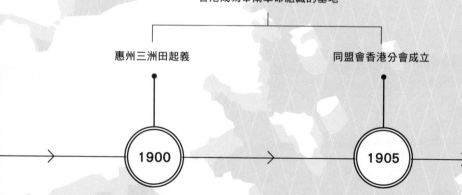

香港成為華南革命組織的基地

惠州三洲田起義

同盟會香港分會成立

1900

1905

大事記

●二十世紀初，香港華人經濟力量與文化水平提升，
民族主義獲得發展，還孕育了孫中山的革命思想。

●辛亥革命時期，香港是華南地區革命組織的重要基
地，也是革命活動的軍火輸入港、革命資金的主要中
轉地和革命宣傳中心。

●辛亥革命刺激了香港華人的民族情緒，
對港府的殖民統治構成威脅。

●隨着中國民族主義日益高漲，
華人民族主義者與港府的對立日趨尖銳，
港府制定了更多政策限制他們的活動。

華段鐵路通車
辛亥革命爆發
·刺激了香港華人民族主義情緒

香港大學成立
新任港督梅含理遇刺

九廣鐵路英段落成啟用

1910 　　1911 　　1912

4.1

覺醒！
華人民族主義

香港華人民族主義產生的背景

開埠初期，香港具有典型的**「移民社會」特質**，當時來港的移民大多從事苦力、勞工、採石工、僕役等職業，知識水平較低，對民族危機普遍漠視。

直到 1860 年代，華人經濟實力提升，為民族主義的勃興提供了物質基礎（見 3.4 及 3.5），同時，寄居香港的內地文人，以及接受西式教育的華人新知識分子，目睹香港與內地的差異和華人所受的不平等待遇，不禁**萌生振興中華之志**，由此推動了民族感情的宣揚。

華文報業推動了民族主義的發展

報紙是近代華人民族主義的主要傳播媒體。香港首份華文刊物是創刊於 1853 年 8 月的**《遐邇貫珍》**，該刊由英國傳教士麥都思（Walter Henry Medhurst）創辦及主編，後由理雅各（James Legge）接任。該報介紹西洋新知及新聞，於啟迪民智頗有貢獻。其後續有**《香港中外新聞》**、**《華字日報》**和**《循環日報》**。

其中以《華字日報》及《循環日報》對社會的影響較大。《華字日報》以「香港第一家沿着華人意旨而辦的華文報」自居，發表了不少要求清廷改革的言論。政論家王韜則於《循環日報》不斷撰文闡釋其改革理念，由此帶動了香港報業的**議政風氣**。

香港報章用大量篇幅刊登有關**中國內地的新聞**，使華人及時得悉內地動向，潛移默化地培養愛國情操。二十世紀初，香港華人對內地革命運動的熱烈回應，報業功不可沒。

經濟力量與文化水平的提升，促進了香港華人民族主義的發展。

·民族主義為何在香港華人中興起？·

經濟實力 ● 華人經濟實力漸強，能提供各種物質基礎

港府政策 ● 港府的殖民統治及種族歧視的施政方針，刺激了華人民族意識覺醒

教育方式 ● 西式教育興盛，培養了具近代意識的華人新知識分子

思想傳播 ● 華文報業的崛興，有利於華人民族思想的傳播

原來如此！

4.2

讓我們談談
孫中山與興中會

孫中山的背景

孫中山在 1866 年 11 月 12 日出生於廣東香山（今中山）翠亨村，1879 年隨母赴**檀香山**。1883 年，17 歲的孫中山為破除迷信而損壞了家鄉的神像，受到鄉人責難，因而逃至香港，並入讀香港**拔萃書室**（即今拔萃男書院），其後受洗入基督教，改號「逸仙」。次年 4月，孫中山轉讀**中央書院**；1887 年入讀香港**西醫書院**，1892 年畢業後赴澳門行醫。

孫中山革命思想的萌芽

孫中山就讀西醫書院期間，常與**陳少白**、**尤列**、**楊鶴齡**聚首於楊鶴齡之父在港島開設的「楊耀記」商店，暢論時政，高談反清之事，故有**「四大寇」**之號。其後孫中山認識鄭士良、楊衢雲等革命志士，孕育出以武力推翻滿清的決心。後來孫中山於 1923 年 2 月在香港大學發表演講時表示，他的**「革命思想，係從香港而來」**。

香港興中會總部的成立

1895 年 1 月，孫中山自檀香山返港，**開始策劃武裝起義**，並與輔仁文社的楊衢雲接洽組黨事宜。2 月，**興中會總部**正式成立，會址設於中環士丹頓街 13 號，以「乾亨行」之名作掩護，規定入會者須宣誓：「驅除韃虜，恢復中華，創立合眾政府」。**楊衢雲**被選為會長。孫中山進而與楊衢雲、黃詠商等籌劃於廣州發動起義。

乙未廣州起義始末

1895 年 3 月，興中會在「乾亨行」召開會議，決定於 10 月 26 日在**廣州起義**，由孫中山統籌並負責廣州軍務；陳少白、鄭士良、陸皓東、楊衢雲等亦各有職責。可惜事機不密，**起義計劃泄露**，陸皓東等人被捕殉難，正在廣州負責接應的孫中山匿於王煜初牧師家中，再經澳門返港，轉到日本。

・香港因何成為晚清時華南地區革命黨人的活動中心？・

 原因　　　　　 結果

 本身的地緣優勢
- 是人口、物資、資金的集散地
- 無嚴格的出入境限制

● 成為革命黨人的後勤基地

 華人擁有較內地為多的言論自由
- 只要言論不涉及英人權利及反殖民主義等，或未招致清廷嚴重抗議，港府通常不予過問

● 革命黨人可在港進行排滿宣傳

 港府的態度較開明
- 視來港的反清革命黨人為「政治犯」，不會將其遣送回內地

● 香港成革命黨人的臨時庇護所

 notes.

　　孫中山並非一開始便是「革命黨」，他曾經也希望以改革救國。比如 1894 年，孫中山曾上書清廷直隸總督李鴻章，主張中國應學習歐洲各國「富強之本」，可惜意見未被採納。

 P.9

孫中山青年時代旅居香港，接受西式教育，並初步形成革命思想。後來更在香港策動了第一次武裝革命起義。

香港，革命黨的重要基地

創辦《中國日報》為革命的喉舌

1900 年 1 月，興中會在港創辦**《中國日報》**作為革命黨人的言論機關，陳少白、馮自由等革命黨人先後擔任主編。該報致力於揭露清廷的腐敗和列強侵略中國的陰謀；主張建立共和，反對君主立憲；鼓吹革命排滿（清），提倡「文明排外」；批判康有為等人的「立憲」言論，與保皇黨人所辦的報刊進行論戰。

策劃惠州起義

1900 年 6 月，孫中山從日本返回香港，在海面小艇上

與香港同志會面，商議惠州三洲田起義計劃。7 月 17 日，孫中山再經新加坡抵港，在船上召開會議，確定起義計劃。同年 10 月，鄭士良在惠州三洲田聯合三合會會眾發動起事，隊伍發展至兩萬餘人，但由於日本政府拒絕援助起義，加上糧械不足，鄭士良解散隊伍從海路退回香港。

同盟會香港分會的成立

1905 年 8 月，**中國同盟會**在東京成立。孫中山派馮自由、李自重返港籌建同盟會分會。10 月，同盟會香港分會在香港興中會的基礎上成立。

孫中山於 1907 年至 1911 年間在華南地區策動的歷次起義，都以香港分會作為**起義人員的集中點**；起義失敗後，香港分會又是革命黨人的**避難所**。為接應外地來港的革命黨人，香港分會在堅道、普慶坊、蘭桂坊、摩利臣山道、皇后大道、灣仔等處設立了招待所。

notes.

中國同盟會是由興中會、華興會、光復會等多個團體集合而成的革命組織，其網絡遍布中國與世界各地的華人社區。

重點

香港是晚清時期革命黨人重要的活動基地。

·關於革命活動，香港是……·

重要基地

- 興中會總部所在地
- 建立了同盟會香港分會
- 同盟會南方支部的所在地

後勤基地與指揮中心

- 惠州三洲田起義、廣州黃花岡起義的事前集合點
- 策動歷次起義的大本營

華南地區的革命宣傳中心

- 開啟了革命黨人辦報的風氣
- 《中國日報》、《公益報》、《廣東報》、《有所謂報》、《少年報》等革命報刊紛紛創辦

革命活動的軍火輸入港和革命資金的主要中轉地

- 捐助革命的僑匯、起義所用軍械，由香港運給內地革命黨

香港是**很重要的**！
（設計對白）

4.4

革命黨人，
該拿你怎麼辦？

羅便臣時期（1891 - 1898）

1895 年乙未廣州起義（見 4.2）失敗後，清廷要求英
國引渡孫中山回內地，為港督威廉・羅便臣所拒。但
1896 年 3 月，港府對孫中山發出**驅逐令**，規定五年內
不准他進入香港境內。有香港史學者認為，當時中英
《展拓香港界址專條》剛剛簽訂（見 3.9），港府此舉
可能是**對清廷租讓新界的一種「回報」**。

卜力時期（1898 - 1903）

1900 年惠州起義前夕，香港立法局議員何啟建議革命

黨人與粵督**李鴻章**合作，策動**兩廣（廣東和廣西）獨立**。港督卜力（Henry Arthur Blake）對此深感興趣，更秘密與李鴻章會晤，建議後者接受英國的保護，任用孫中山為顧問，領導兩廣獨立，但未成事。期間港府雖未公開表態支持革命活動，但**容忍革命黨人的在港活動**。同年惠州起義失敗後，大量革命黨人逃抵香港，港府亦未加以干預。

盧押時期（1907 - 1912）

《辛丑條約》簽訂後，**英國在華利權得到鞏固**，因此決定支持清廷的改革活動。1907 年港督盧押（Frederick Lugard）為改善與清廷的關係，制定法例規定在香港發行的報紙、書籍、文字、圖畫「流入中國內地而能使全國發生叛亂」的，「**為顧全邦交起見**，得加以取締」。孫中山的兄長孫眉因在九龍聯絡會黨，於 1910 年 9 月被港府驅逐出境。

武昌起義前夕，廣州局勢日趨緊張。兩廣總督張鳴岐請求港督防止外地革命黨人返回廣州，盧押派出偵探調查革命黨人在港的活動情況。

· 港府與革命黨人及清廷的關係（1891－1912）·

羅便臣時期（1891－1898）

清廷 ──中英簽訂《展拓香港界址專條》──→ 港府

對立

革命黨人 ←──在港策劃起義，開展革命活動──
始容忍，後限制
驅逐孫中山離港

卜力時期（1898－1903）

清廷 ←──港督支持兩廣獨立──→ 港府

對立

革命黨人 ←──在港策劃起義，失敗後逃港避難──
容忍

盧押時期（1907－1912）

清廷 ──希望改善關係──→ 港府

對立

革命黨人 ←──在港開展革命活動──
壓制
制定法例限制革命言論

辛亥革命成功了，
然後呢？

香港華人對革命的熱烈反應及支持

1911年10月，**武昌起義**爆發，揭開了辛亥革命的序幕。武昌起義的勝利在全國引發連鎖反應，在香港華人中也引起強烈反響。

11月，廣東宣佈共和獨立，並成立了軍政府。香港報界公社為此休業一天，以為紀念，香港華人亦放爆竹慶祝。軍政府成立之初，財政極度困難，香港華人**踴躍捐款資助**。同時，不少香港知名人士均在軍政府**擔任要職**，如：李紀堂、李煜堂分別出任軍政府交通司長和財政司長，何啟、韋玉分別任總顧問官。

盧押防備華人排外情緒的措施

對於辛亥革命，港府最懼怕的是因此激起華人的**排外情緒**，從而**損害英人的在港治權**。因此，他們雖然對華人的慶祝活動做出了讓步，但同時亦採取種種措施控制局面。

廣東宣佈共和獨立後，香港華人熱烈慶祝，盧押接到消息，指有華人建議將該日定為假日，盧押認為清廷尚未倒台，因而斷然拒絕了此建議；另一方面，盧押擔心慶祝活動會演變成暴亂，於是派遣更多的警察巡邏街道，以防發生騷亂。

1912年上半年，**港府對華人民族主義的恐懼與日俱增**。盧押恪守英國政府**保持中立**的政策，禁止外商經香港水域向廣東革命政權輸出軍火，並警告華商不得利用任何形式的籌款支持革命政府。

重點

香港華人與港府對辛亥革命的反應迥然不同。

·港府與香港華人如何看辛亥革命？·

嚴守中立
● 兩不相幫，拒向清廷或革命政權援助軍火

感到疑慮
● 擔心內地的革命會影響香港華人對港府的忠誠和港府的中立，故密切監視

表示願與廣東軍政府合作
● 以確保華人精英對港府的忠誠
● 一切以維護英人在港殖民統治為重

港府的反應

熱烈慶祝支持廣東軍政府
● 商紳為廣東政權和平過渡而在清廷與革命黨人間斡旋
● 華人精英出任廣東軍政府的要職
● 為廣東軍政府提供資金援助

香港華人的反應

長知識了

notes.

據港府調查，至 1912 年 7 月，香港華人社團向廣東軍政府提供了 200 萬至 300 萬元的資金。

4.6

總督遇刺！
抵制電車！
火熱的民族主義

總督遇刺

辛亥革命後，隨着華人民族主義情緒的升溫，香港華人的排外情緒也日趨高漲。1912 年 7 月 4 日，新任港督梅含理攜夫人出席就職典禮時，突遭一名華人男子**開槍射擊**，但未命中。此事令港府再次意識到**華人民族主義運動的威脅**。

抵制電車運動

廣東軍政府為解決財政問題，發行了公債和**劣質輔幣**，大量廣東輔幣流入香港，使香港電車公司、山頂纜車公

司等蒙受巨大損失。港府勸告電車公司和纜車公司拒絕接受輔幣，激起華人的憤怒，他們認為這是對中國的侮辱，紛紛**杯葛電車，以示抗議**。

抵制事件發生後，港府通過法例，限制抵制公共事業的活動，又鼓勵華人紳商乘坐電車。1913 年 1 月，在政府和各界的調停下，抵制電車運動停止。

港府對華人民族主義的壓制

電車風潮平息後，港府意識到華人民族主義對英人殖民統治構成的危害，遂採取各種手段，排除革命黨人在香港的影響。

香港**四邑商工總局**與廣東革命政府關係密切，勢力又大，港府決定限制四邑商人的活動。1911 年，港府頒佈《社團條例》，讓更多的華商成立商會，又於 1913 年鼓勵各中小型商會合併，組成**「華商總會」**（即今中華總商會），以抵消來自四邑商人的威脅。

同年，1913 年二次革命失敗後，孫中山等革命黨人流亡海外，梅含理宣佈永遠不准孫中山、黃興、胡漢民等人來港。

· 辛亥革命後港府壓制華人民族主義的措施 ·

挑選立法局華人議員時
注重其對英國的忠誠

免去支持革命的何啟的
立法局華人議員的職務

限制與革命政權關係密切的
四邑商人的活動

組成「華商總會」，以抵消
四邑商人的影響

限制革命思想在港的傳播

二次革命後宣佈永遠不准
孫中山等人來港

華人民族主義

notes

● 「四邑」是指廣東省江門市的新會、台山、
開平、恩平四個縣。
● 中國內地局勢發展極大地影響香港政局，
也極大地影響港府的殖民管治策略。

P.9

新界，怎麼管？！

利用警察作為樹立統治權威的手段

由於新界鄉民曾以武力抵抗英人（見 3.9），港府為加強對當地的控制，修築大埔道（1902 年竣工）和青山道（1920 年完成）兩條主要幹道。

港府又利用警察作為**確立統治權威**的手段，1900 至1902 年，先後在大埔、沙頭角、西貢、上水及大嶼山等地建立了**七間警署**，又將新界（包括現今九龍部分地區）劃為**「八約」**來管治。

· 新界「八約」·

北約包括大埔、沙田、北區、西貢、元朗等地

南約包括新九龍、荃灣及離島

南約、北約理民管轄地分界線

大埔

北約理民府辦事處

新界

荃灣

南約理民府辦事處

大嶼山

香港島

理民官職責

- 搜集政治情報
- 解釋和支持政府的施政計劃
- 統籌各政府部門在新界的工作
- 處理地政事宜及控制僭建房屋
- 調解及仲裁鄉民之間的糾紛
- 組織救災和處理社會福利事宜

原來如此！

新界地權的改變

新界鄉村歷史悠久，社會結構與利益關係網複雜，港府決定**保留華人的「傳統和慣例」**，以安撫新界居民。但

同時，港府通過法例改變了新界原居民的土地產權。在清廷的法律下，原居民擁有土地的「永業權」（即可以終身享有個人產業，並可將土地權利遺贈他人）；在英人的統治下，新界所有土地都屬官地，擁有土地的原居民由永遠業權人變成**官地承批人，不得擅自改變土地用途**；農地、園地都不得建屋或作其他用途，政府可以收回原居民的土地作公共用途。

理民府制度

1907 年，港府在新界設立理民府制度。1910 年，新界被分成**南約**、**北約**兩個主區，各設理民府主理區內的行政事務，除警政事務及土地測量須由工務局主理外，新界及離島的行政管治由南約及北約**理民官**負責。事實上，理民府制度與清代的地方行政架構相近，容許村民自行處理所屬村內的一般性公共事務，使原來的**地方自治**和**大族的權力制度**得以保存，有助於原有鄉土社會宗族觀念的延續。

「八約」分別是指九龍約、沙頭角約、元朗約、雙魚約、六約、東海約、東島洞約和西島洞約。

出現了！
九廣鐵路

九廣鐵路的修築經過

1895 年《馬關條約》簽訂後，列強相繼爭奪在中國的**鐵路修築權**，英人自然也不甘落後。1898 年 5 月，怡和洋行與滙豐銀行等英資財團合組「中英銀公司」，與清廷達成修築**九廣鐵路**的協議，後來中英簽訂《展拓香港界址專條》（見 3.9），在條約內重申了該協議。幾經交涉後，雙方達成協議，決定將鐵路分為兩段：九龍至羅湖邊境的**英段鐵路**由港府出資建造及管理，羅湖邊境至廣州的**華段鐵路**由中英銀公司出資興建，竣工後移交廣東省政府營運。

1905 年 9 月，立法局通過港督彌敦（Matthew Nathan）的建議，修築九廣鐵路的英段（今東鐵）。九廣鐵路以政府部門的模式運作，直到 1982 年制定《九廣鐵路公司條例》，才改由九廣鐵路公司負責經營。

鐵路英段全長 22 英里，1910 年 10 月 1 日落成啟用，當時鐵路只是單軌行走。整項工程費用總計約 130 萬英鎊。次年 10 月華段鐵路通車。在以後的大半個世紀裏，九廣鐵路始終是香港往來廣州的主要幹道。另外，**尖沙咀火車總站**於 1916 年落成，尖沙咀鐘樓則於 1921 年正式啟用。

沙頭角支線的興廢

1911 年 4 月，港府在粉嶺至沙頭角修築九廣鐵路的**沙頭角支線**，支線全長 7.25 英里，1912 年 4 月落成啟用，車站包括粉嶺、孔嶺、禾坑、石涌凹及沙頭角。

1927 年沙頭角公路開通，大幅影響該支線的客運流量，港府遂決定結束該線營運，並於 1928 年 4 月 1 日關閉。

九廣鐵路的修建，令內地與香港的經濟關係更緊密。

· 連接香港和廣州的主要幹道：九廣鐵路 ·

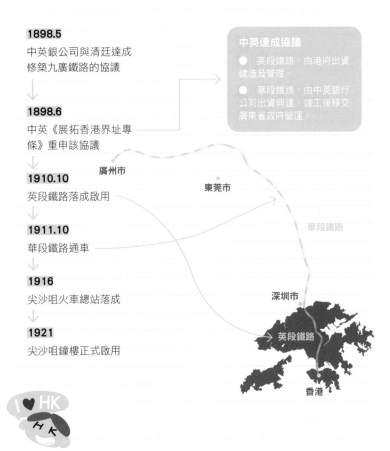

1898.5
中英銀公司與清廷達成修築九廣鐵路的協議

中英達成協議
● 英段鐵路，由港府出資建造及管理。
● 華段鐵路，由中英銀行公司出資興建，竣工後移交廣東省政府營運。

1898.6
中英《展拓香港界址專條》重申該協議

廣州市

東莞市

華段鐵路

1910.10
英段鐵路落成啟用

1911.10
華段鐵路通車

1916
尖沙咀火車總站落成

深圳市

英段鐵路

1921
尖沙咀鐘樓正式啟用

香港

notes.

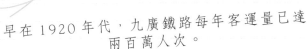

早在 1920 年代，九廣鐵路每年客運量已達兩百萬人次。

那一天，
香港大學成立

成立背景及經過

香港經濟與人口的增長，刺激了社會對**高等教育**的需求。早在 1880 年，港督軒尼詩便曾考慮把中央書院（見 2.10）改造成大學的可能性。

1887 年，在**何啟**的努力下，**香港西醫書院**正式成立，為日後在港創建綜合性高等學府奠定了基礎。1905 年，清廷宣佈廢除科舉制，進一步推動了當時西式學堂畢業生出國接受高等教育的風氣。

1908 年 1 月，港督盧押在聖士提反書院周年頒獎禮上

發表演講，提出香港應該成立一所大學。他的言論得到各界的支持。印度富商麼地（H. N. Mody）、兩廣總督張人駿、香港華人商紳等亦慷慨解囊，使建校計劃得以落實。

香港大學的早期概況

盧押認為香港大學應該主要提供「良好而實用的世俗教育」，他把兩所現存的本地學院，即**香港西醫書院**及**香港工業學院**，併入**香港大學**，使之成為醫學院及工學院，訓練醫生和工程師等人才。

盧押亦堅持**以英文為教學語言**，大學籌備委員會的重要成員何啟力陳**中國語文**和**文學**必須**以中文教授**，得到盧押的贊同。直到今天，這仍是香港大學以英語授課的正式方針下的唯一例外。

1912 年 2 月，香港大學正式成立，學者愛理鄂（Charles Eliot）出任校長， 同年 9 月開課。最初香港大學只設立工學院與醫學院，並開設「漢文科」的選修科目，講授「四書」、「五經」及中國傳統典籍，次年設立文學院。

・盧押創辦港大的理念・

創辦目的：
證明英國的帝國主義的責任

學科設置：
以應用科學和醫學為先

我構思（港大）這計劃時，是希望它能證明英國殖民地子民，並非完全專注追求財富，……香港將率先再一次證明，大英帝國不僅僅是龐大的貿易公司，當中依舊留存帝國責任這股神聖之火。

我不反對培育具備深厚中國語文、文學，以至神學知識的人才，但一切以應用科學和醫學為先。

我們希望避免設立任何教育系統，會對中國政府產生敵意，或令其不安。香港大學須特別留意，不要鼓勵或容忍這些「有害」（指革命）學說。

西方學術知識，要靠西方語言才能好好傳授。

盧押

教學語言：
以英文為主

政治立場：
不觸犯中國政府的利益

notes.

香港大學最初只招收男生，受五四運動的影響，1921年開始招收女生。何東的女兒何艾齡為港大的首位女性畢業生。

備忘

第四章　風雲歲月，辛亥革命前後的香港（1900-1914）

chapter 5

野蠻生長，一戰 至二戰初期的香港

1914
▼
1941

一次大戰爆發

海員大罷工爆發

1914 → 1922

大事記

● 辛亥革命後，內地政局動盪不安，大量人口湧入香港，造成嚴重的住房和衞生問題。

● 第一次世界大戰後，香港物價飛漲，工人生活困苦，加上內地工運發展得如火如荼，影響 1920 年代的香港工運此起彼落。

● 1922 年，海員大罷工結束，但香港的社會矛盾仍未得到改善。

● 1925 年，省港大罷工爆發。

● 港府一方面壓制工運，另一方面爭取本地華人精英的認同，採取保守的文化政策。

● 這一時期，香港工業得到較大發展，內地資本家為避禍亂，把工廠遷到香港，奠定了戰後香港工業發展的基礎。

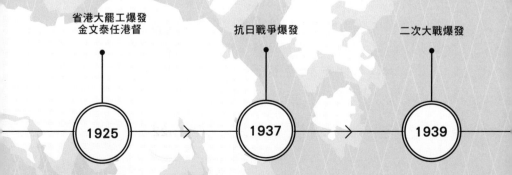

省港大罷工爆發
金文泰任港督

抗日戰爭爆發

二次大戰爆發

1925

1937

1939

大量移民，大量勞工

人口發展的特點

辛亥革命後，內地政局動盪，大量人口湧入香港。以往的移民多是單身勞動者（見 2.7），從 1910 年代開始則多為一家人。到了 1931 年，香港市區的男女比例是 1,000：727.63，男女比例失衡現象較前有所好轉，同時，在港孩童和在港出生的嬰兒人數亦有所增加。

二十世紀初，**香港人口的增長地集中在九龍**。據統計，1931 年港島男居民有 206,223 人，女居民有 77,752 人；九龍男居民有 57,344 人，女居民有 44,910 人，

這是由於當時新移民多聚居九龍，令九龍的男女比例較港島的平衡。

人口大幅增長帶來了**房屋短缺、衛生環境惡劣、學校學位不足**等問題，但因香港工資水平較內地高，仍有大量移民被吸引來港。

勞工狀況

早年香港**童工問題**相當嚴重，港府設法改善，但收效不大。1930 年代，英國政府開始正視勞工問題，鼓勵成立有「責任感」的勞工團體，因此訓令各殖民地設立勞工處或勞工主任。

港府於 1938 年委任畢特（Henry R. Butters）為首任勞工主任，該職位隸屬華民政務司。畢特在 1939 年發表的有關香港勞工問題的報告書中，指出 1930 年代以來，隨着香港工業的發展，**工會組織**亦相應地蓬勃發展起來。

當時的工會**傳統鄉族色彩濃厚，聯誼互助性質大於為會員爭取權益**。原因有二：一是移民眾多，削弱了勞工待遇方面的談判力量；二是大多數工人是離鄉背井來港謀生的，工會通常只是他們個人福利的照顧者。

二十世紀初，九龍成為內地新移民的主要集中地。

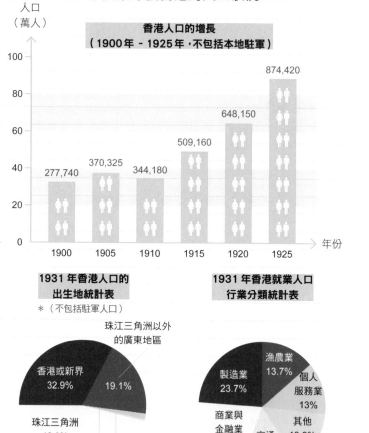

· 辛亥革命後香港的人口狀況 ·

香港人口的增長
（1900年－1925年，不包括本地駐軍）

人口（萬人）

- 277,740
- 370,325
- 344,180
- 509,160
- 648,150
- 874,420

年份：1900　1905　1910　1915　1920　1925

1931年香港人口的出生地統計表
＊（不包括駐軍人口）

- 香港或新界 32.9%
- 珠江三角洲以外的廣東地區 19.1%
- 珠江三角洲 46.0%
- 中國以外地區 0.4%
- 廣東以外的中國其他省份 1.6%

1931年香港就業人口行業分類統計表

- 漁農業 13.7%
- 個人服務業 13%
- 其他 13.9%
- 交通運輸業 15.1%
- 商業與金融業 20.6%
- 製造業 23.7%

原來如此！

＊ 一戰後，香港工商業繁榮起來，加上內地政局動盪，治安不靖，謀生不易，導致大量移民遷到香港。

＊ 資料參見劉蜀永主編《簡明香港史（新版）》（2009），頁200－212。

香港海員大罷工
與省港大罷工

海員大罷工的爆發及結束

第一次世界大戰後，香港**物價飛漲**，導致工人**生活困苦**。為保權益，工人陸續組織各種工會，要求改善待遇。作為香港最早的產業工人之一的海員也不例外。1921年4月，原有的海員團體改組為**中華海員工業聯合總會**（簡稱「海員工會」），他們多次向船務公司提出加薪要求均被拒，遂於1922年1月號召舉行大罷工。

在內地工會組織及由孫中山領導的**廣州政府的支持**下，罷工海員分批抵達廣州。由於廣州政府的介入，港督司徒拔（Reginald Stubbs）認定罷工事件「不單純是一

場經濟運動，而是一場**政治運動**」，「最終目的是迫使英人撤出香港」，故支持各船務公司抵制海員的要求，並查封海員工會。罷工導致香港港口運作陷於停頓，港府曾派華人商紳與工會代表談判，但未能達成協議。

2月底，香港其他行業工人也陸續罷工。3月4日，在九廣鐵路停駛的情況下，數千名罷工工人徒步經沙田前往廣州，港英軍警向工人開槍，當場打死六人，釀成「**沙田慘案**」，引致罷工規模進一步擴大。港府迫於形勢，答應了海員的基本要求，大罷工以工人的勝利告終。

省港大罷工的爆發

海員大罷工結束後，香港的社會矛盾並未得到緩解。1925年5月30日，上海工人和學生舉行示威活動，與租界內的英國巡捕發生衝突，群眾死傷數十人，是為「**五卅慘案**」。

6月上旬，全國性工會組織「**中華全國總工會**」的代表召集香港各工會組織罷工。6月19日，大罷工在香港爆發。為統一領導罷工運動，6月26日，中華全國總工會成立「**省港罷工委員會**」，宣佈對香港實行經濟封鎖，令香港蒙受**巨大的經濟損失**。

· 省港大罷工爆發的原因 ·

內部因素

| 工人階級仇視港府 | 未採取措施有效安撫華人的不滿情緒 | 港府利用華人精英協調控制本地華人社會的管治策略開始失靈 |

- 工人生存狀態惡劣
- 華洋工人待遇不平等

- 港府僅視罷工活動為一政治事件

- 華人商界精英與勞工階級利益分化而出現裂縫

省港大罷工

- 五卅慘案
- 沙基慘案

- 中共黨員直接領導罷工

- 經濟上支持罷工工人
- 黃埔軍校學生幫助訓練工人糾察隊

| 內地民族運動及工運的影響 | 中共的動員和領導 | 廣州國民政府的支持 |

外部因素

第五章　野蠻生長，一戰至二戰初期的香港 （1914-1941）

省港大罷工是香港華人社會民族主義情緒的大爆發。而其結束主因卻是內地政局變動。

兩任港督對罷工的回應以及大罷工的結束

時任港督司徒拔對罷工採取強硬態度，頒佈了**緊急戒嚴令**，搜捕罷工領袖，並資助富商創立**《工商日報》**，宣傳反罷工。當時，英國政府對華採取的卻是**靜觀和中立政策**，遂改任**金文泰**（Cecil Clementi）為港督。金文泰改變了港府初期的強硬立場，願意與罷工委員會及廣州國民政府溝通，惜未能達成協議。

此時廣州政局出現了變化，港府察覺到廣州國民政府分裂在即，對罷工者重新採取強硬態度。1926 年 7 月，**廣州國民政府開始出兵北伐**；10 月 10 日，罷工委員會自動取消對香港的封鎖，省港大罷工宣告結束。

notes.

學者指出，省港大罷工使香港華人大致分裂為兩個政治陣營：擁護廣州國民政府的罷工工人與學生、支持港府反對罷工潮的華商與右派勞工。

5.3

再次改變的
治華政策

壓制工運與中共的活動

1927 年 4 月，蔣介石在上海下令清黨（清除國民黨內的中國共產黨黨員），廣東省政府主席李濟深封閉中華全國總工會、省港罷工委員會等左翼機構，捕殺大批中共黨員和親共工會幹部。港府趁機打擊工人組織，頒佈**《非法罷工與停業法令》**取締罷工，令香港工運長期陷入低潮，直到日軍侵港前夕，都不曾發生大規模的罷工事件。

· 海員大罷工與省港大罷工的比較 ·

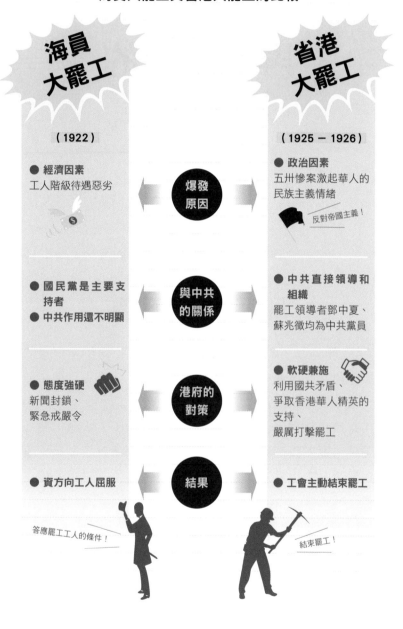

海員大罷工

（1922）

● 經濟因素
工人階級待遇惡劣

● 國民黨是主要支持者
● 中共作用還不明顯

● 態度強硬
新聞封鎖、
緊急戒嚴令

● 資方向工人屈服

答應罷工工人的條件！

省港大罷工

（1925－1926）

● 政治因素
五卅慘案激起華人的民族主義情緒

反對帝國主義！

● 中共直接領導和組織
罷工領導者鄧中夏、蘇兆徵均為中共黨員

● 軟硬兼施
利用國共矛盾、爭取香港華人精英的支持、嚴厲打擊罷工

● 工會主動結束罷工

結束罷工！

爆發原因

與中共的關係

港府的對策

結果

金文泰又與廣東省政府合作，將拘捕的中共黨員交予廣東省政府處決。1927 年，中共發動廣州起義失敗後，大批參與者逃亡香港，遭到香港警察的圍捕。

爭取香港華人精英的支持

1926 年 11 月，金文泰委任竭力支持港府的**周壽臣**為**首位華人行政局議員**，藉此爭取華人商紳的支持。為加強對華人的管治，並彰顯港府對華人的重視，金文泰增派官學生（見 2.8）支援華民政務司的工作。1929 年，**華民政務司被列為行政局的當然成員**，地位僅次於輔政司。

推行保守的文化政策

大罷工後，港府採取保守的文化政策，鼓勵華人精英**保存國粹**，維護傳統儒家觀念。金文泰設立**「官立漢文中學」**（二戰後改名為「金文泰中學」），提倡尊孔復古，又倡導香港大學設立以研讀中國傳統經史為主的中文系。此外，港府極力壓制激進思想，對攜帶有關共產主義或反帝國主義思想書籍的入境者進行罰款，並沒收書籍；又下令修改香港小學低年級所用的《香港簡明漢文讀本》，加入不少歌頌英國的內容。

重點

港府一面壓制工運活動，一面爭取本地華人精英的認同，以恢復大罷工後的社會秩序。

抗戰前，
香港 X 廣東

政治形勢的改變促使粵港關係改善

1927 年，蔣介石建立了南京國民政府。廣東方面，自
1928 年起，先後由地方軍人李濟深、陳銘樞、陳濟棠
執政，三人與蔣介石為首的南京國民政府貌合神離，同
時均堅決反共。他們**為與蔣介石抗衡**，都比較重視與香
港維持良好關係。港府**為恢復經濟**，亦願意與廣東省政
府改善關係。

1928 年 3 月，廣東省政府主席李濟深來港與港督金文
泰會面，隨後金文泰回訪廣州，就九廣鐵路與粵漢鐵路
連線問題進行磋商。從此直至 1949 年，這類**粵港高級**

官員的互訪成為定例。為爭取廣東省政府的支持及鎮壓香港的工運，港府配合廣東省政府對來港避難的中共黨員進行了搜捕。

粵港經濟聯繫日漸緊密

經濟方面，粵港貿易總額顯著上升。

1933 年，廣東從香港出口的貨物額佔全省出口的 47.48%；1935 年增至 54.1%。隨着粵港貿易的發展，**港幣大量流入內地**。廣東的銀行、錢莊、工商企業以及私人普遍**以港幣作為支付和儲蓄手段，對外貿易也大多以港幣結算**。

1931 年，陳濟棠出掌粵政後，致力於**爭取港商投資廣東**。1933 年 2 月，港商組織「港澳華僑回國參觀團」出訪廣州。陳氏向團員發表演說，表示歡迎港澳人士投資廣東實業。學者認為，此投資活動促使流入廣東的僑資大幅增加，對戰前廣東的經濟發展起了重要作用。

省港大罷工後，粵港關係出現明顯的改善。

·記一記粵港經濟活動數據·

1931
港幣發行總額：15,361 萬元
流入廣東： 7,169 萬
在港流通： 5,121 萬

1933
1935
廣東經香港出口的貨物額
（佔全省出口）：
47.48% → 54.1%

1927
1937
港澳僑商在廣東投資企業數目：
5,448 家

1931
經銀行匯入廣東的僑匯
（佔全國僑匯總額）（84.26%）：
25,380 萬元

1935
僑匯及華僑的投資金額：
55,000 萬元

華資銀行也要分一杯羹

華資銀行的湧現

早期香港的外資銀行歧視華人，華商與外資銀行亦鮮有業務往來，**以華人為主要服務對象**的華資銀行，因而有極大的生存空間。

與外資銀行相比，香港的華資銀行發展較遲（見 3.3）。據學者研究，第一家在港開業的華資銀行是創立於 1891 年的香港中華匯理銀行，並具有華洋合資的性質。從 1912 年開始，華資銀行陸續在港成立，且發展迅速。1912 年，美國歸僑陸蓬山集資組建廣東銀行，其他華商紛紛仿效，華資銀行進入興盛期。

1918 年，**東亞銀行**集資創立，投資者多為南北行、華資銀號東主。通過各股東的人脈，東亞銀行先後在上海（1920）、西貢（1921）、廣州（1922）等城市建立分行。其中上海分行於 1920 年加入上海銀行公會，1924 年成為當地發鈔銀行。省港大罷工（見 5.2）後，東亞銀行成為香港最具實力的華資銀行。

二次大戰前華資銀行業的發展特點

大部分華資銀行**由華僑投資創辦**，如廣東銀行（1912）、香港工商銀行（1915）、香港華商銀行（1917）。華資銀行不斷向海內外拓展業務，集中發展**僑匯**、**匯兌**、保管等業務，與外資銀行爭奪市場。

華資銀行業務發展迅速，但**資本與規模跟外資銀行相比仍有很大距離**，如嘉華、金華實業、康年等銀行，當時資本僅有數十萬元，與滙豐等外資銀行的規模差距極大（滙豐的法定資本額為五千萬元）。

香港銀行間的競爭相當激烈，而**港府對銀行缺乏適當的監管**，華資銀行因投機炒賣或過度放款，引致**擠提倒閉**事件時有發生。

華僑對香港華資銀行的崛興功不可沒。

·1912 年至二戰前華資銀行的特點·

與外資銀行相比，
起步發展較遲

以華人為主要服務
對象，大部分由華
僑投資創辦

從 1912 年 開 始
（中華民國成立
後）發展迅速

集中於僑匯、匯兌
的業務

銀行缺乏監管，經
營不善，時有擠提
倒閉

資本與規模跟外資
銀行相比仍有很大
距離

原來如此！

最重要是教育呀！

港府加強對香港教育的控制

1911 年辛亥革命爆發後，大量華人舉家來港避亂。為解決適齡學童入學問題，香港出現了不少私立中文學校，質素良莠不齊，加上不少教師向學生灌輸革命思想，深為港府所忌。

為加強管制，港府頒佈了**《1913 年教育條例》**，規定在港所有**私立學校須在教育司註冊**；教育司有權拒絕或取消任何學校的註冊，並對已註冊的學校在紀律、課程安排、教師任用等方面實施監督。

中文教育的發展

五四運動後，華人知識分子的民族情緒高漲，港府為防止民族主義思潮在中文學校傳播，開始關注中文教育的發展，給予部分中文學校小額資助，並在 1920 年開辦**男女漢文師範學校**各一所，以加強師資培訓。

1925 年，港督金文泰為緩和省港大罷工（見 5.2）在華人中造成的反英情緒，積極鼓勵中文教育的發展。1926 年 3 月，他創辦了第一所中文官立中學——**官立漢文中學**，並提出在**香港大學設立中文系**。在他的推動下，香港大學中文系於 1927 年正式成立，課程以講授古文經典為主。

「賓尼報告書」

1935 年，港府聘請英國教育家賓尼（E. Burney）考察香港的教育狀況。賓尼對香港教育界忽視中小學教育的做法提出批評，認為英文中學的教育應該重視實用性，主張把英文中學的畢業會考與香港大學的入學考試分開。由此，港府定下教育改革規劃，可惜由於香港淪陷而擱淺。

兩次世界大戰期間，香港的中文教育開始勃興。

·港府教育政策之演變（1841 - 1941）·

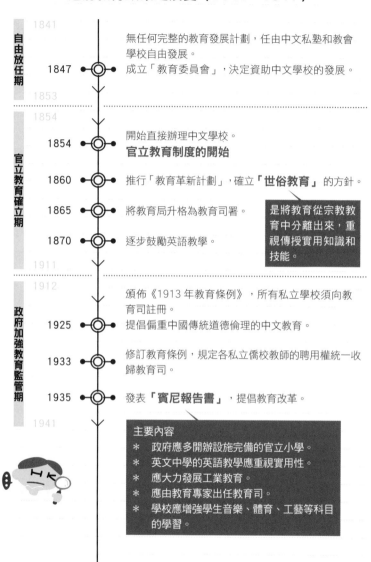

自由放任期

1841

1847 ● 無任何完整的教育發展計劃，任由中文私塾和教會學校自由發展。
成立「教育委員會」，決定資助中文學校的發展。

1853

官立教育確立期

1854

1854 ● 開始直接辦理中文學校。
官立教育制度的開始

1860 ● 推行「教育革新計劃」，確立**「世俗教育」**的方針。

1865 ● 將教育局升格為教育司署。

> 是將教育從宗教教育中分離出來，重視傳授實用知識和技能。

1870 ● 逐步鼓勵英語教學。

1911

政府加強教育監管期

1912

頒佈《1913 年教育條例》，所有私立學校須向教育司註冊。

1925 ● 提倡偏重中國傳統道德倫理的中文教育。

1933 ● 修訂教育條例，規定各私立僑校教師的聘用權統一收歸教育司。

1935 ● 發表**「賓尼報告書」**，提倡教育改革。

1941

> 主要內容
> * 政府應多開辦設施完備的官立小學。
> * 英文中學的英語教學應重視實用性。
> * 應大力發展工業教育。
> * 應由教育專家出任教育司。
> * 學校應增強學生音樂、體育、工藝等科目的學習。

萌芽！香港工業

早期的香港工業

自開埠以來，香港的經濟活動主要是與內地進行轉口貿易，華資工業生產並不發達，只存在一些簡單的**家庭手工業**或**「山寨」工業**，產品多是一些簡單的加工食品、啤酒、汽水、棉製背心、香煙、肥皂等，以供應本地市場。

二十世紀初，香港的華商也嘗試經營紡織、籐料籐器業和棉織背心業等，但規模相當小。

一次大戰期間，若干歐洲國家對華的工業產品輸入中

斷，香港輕工業生產乘時而興，取代了部分進口產品。1928 年，中國恢復關稅自主權，上海等沿海地區的工業得到發展，香港對內地工業製品的輸出減少，工業未能得到進一步的發展。

1930 年代香港工業的蓬勃發展

1930 年代，**歐美各國相繼推行貿易保護主義，而香港實行自由貿易港政策**，有利於資金流入投資香港工業。1934 年，香港獲得了**英聯邦「帝國特惠稅制」**的優待，某些符合條件的商品在大英帝國範圍內可享受免稅或減稅的待遇，有助於拓展海外市場，也帶動了香港工業的發展。

同時，1930 年代**香港政局相對穩定**，為華商營造了有利的投資環境。這時期發展起來的出口工業以輕工業為主，包括膠鞋、毛織品、手電筒、紡織品、五金用品等。

另外，日本加緊侵華步伐，促使不少**內地工廠遷到香港**。當時的工廠主要集中於九龍的紅磡和深水埗，至 1939 年，荃灣亦成為新闢工業區，二次大戰後香港工業發展的基礎，由此奠定。

·1940年，香港「本土貨」怎麼賣？·

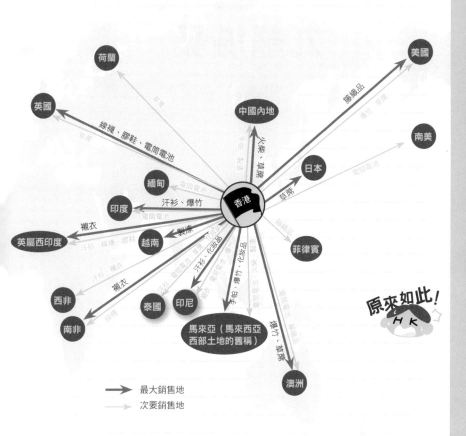

重點

一九三〇年代，香港工業生產得到初步發展。

＊ 二戰前，香港工業乘時而起，產品銷往內地以及國外，同時出口工業以輕工業為主。

＊ 資料出自張曉輝《香港近代經濟史（1840—1949）》（2001），頁 430。

5.8

聞名世界的
九龍城寨

九龍城寨的修築

1841 年英人佔領香港島後，清廷兩廣總督耆英為增強九龍地區的防務，方便中國官兵來港「巡查彈壓」和官吏在鄰近地區執行職務，同時亦為了對付活躍於附近水域的海盜，遂於 1847 年在九龍建成了九龍城寨（或稱「九龍寨城」）。清軍於城寨**架設大炮**，對鄰近水域的英國船隻構成了威脅。

英人強佔九龍城寨

1898 年，英人強租新界（見 3.9），清廷被迫答允之

餘，提出保留九龍城寨，英人應允。可是英人接管新界之際，遭到鄉民反抗，加上兩廣總督譚鍾麟不肯撤走九龍城寨的駐軍，英人遂以此為口實，提出中國保留城寨的治權，有違《展拓香港界址專條》中「不得與保衞香港之武備有所妨礙」之條文，於是**揮軍佔領了城寨**。

清廷多次交涉未果，1900 年義和團事件爆發，清廷無暇顧及九龍，城寨問題亦擱置下來。

1930 年代城寨治權之爭

民國成立後，城寨之爭再次擺上桌面。一方面，1925 年的省港大罷工（見 5.2）刺激了中國內地**民族主義情緒的升溫**，收回列強在華租界及租借地的呼聲愈來愈高；另一方面，隨着九龍市區的發展，城寨變成市區的邊緣地帶，1933 年港府**下令遷走城寨居民**，居民激烈反對，並向廣州國民政府申訴。

國民政府外交部遂再度提出城寨的治權問題。英國政府認為，若對此屈服，勢必**危及他們對整個新界的治權，並嚴重打擊港府的威信**，故堅持遷走城寨居民。

中英就城寨問題的論爭，直到抗日戰爭爆發，依然未能得到解決。

九龍城寨問題源自英人對中國主權的漠視。

·聞名世界的九龍城寨·

作者：Ian Lambot

來源：http://cityofdarkness.co.uk/order-print/art-prints-p02-2/

notes.
九龍城寨曾是世界上人口密度最高的地方，於 1994 年完成清拆。

5.9

擺不平的新界——
新界鄉議局成立

新界鄉民對港府土地政策的反對

1900 年，港府頒佈《田土法庭條例》，規定新界的所
有土地均屬政府產業，並限制了土地用途。1923 年初，
港府宣佈新界村民凡於民田建屋，必須**另行補足地價**，
引發村民不滿。

1924 年 8 月，新界各區士紳在大埔文武廟集會，商討
反對民田建屋補價條例，決定由各區推舉代表，成立
「九龍租界維護民產委員會」，預備與港府交涉。11 月，
該委員會改用**「新界農工商業研究總會」**名義，訂立章
程，向港府註冊。

鄉議局的成立

1925 年省港大罷工期間，香港經濟大受打擊。金文泰就任港督後，到大埔會見新界鄉紳，通過他們勸說村民把蔬菜、雞鴨等副產品運到香港市區，解決因罷工而出現的糧食供應問題（見 5.2）。為爭取鄉民的支持，金文泰把「新界農工商業研究總會」易名為**「新界鄉議局」**，並以鄉議局為港府在新界施政時的諮詢團體。鄉議局由 40 名選自新界各鄉區的局董組成董事局；鄉民入局須捐款予鄉議局。

二次大戰後的演變

二次大戰後，港府改變了過去利用個別鄉紳父老協調村內事務的做法，改為實行**「村代表」**及**「鄉事委員會」**的制度，委員會的正副主席和委員由該鄉的各村代表選出，村代表則由村民大會選出。鄉事委員會的領導人成為鄉議局的核心人物。1959 年，港府正式制定《鄉議局條例》，確立鄉議局為政府的**法定諮詢機構**。

·1960 年代以前港府是如何管治新界的？·

● 設立理民府制度
由理民官擔當類似清代知縣的角色管治新界。

● 利用「中間人」協調管治
以鄉紳為理民府長官與鄉民之間的協調者，排解村民間的一般糾紛。

● 以警察維持治安
因曾遭到新界鄉民的武力抗拒，港府遂以警察作為確立統治權威及維持治安的手段。

● 土地所有權官有
將新界所有土地列為官地，擁有土地的原居民由永遠業權人變成官地承批人，所有地稅的徵收由政府直接負責。

● 利用中國傳統文化
尊重華人的「傳統和慣例」，用以安撫新界居民。

● 改變居民國籍
把新界居民的國籍改為英籍，防範中國政府插手新界事務。

鄉議局的成立，是新界鄉民爭取土地權益的結果。

notes.
· 對於新界，港府採用「以華制華」手段
· 為了按撫新界居民，穩定殖民統治，港府給予新界居民一定的「特權」。

風暴來臨，日佔及國共內戰時期

1941

▼

1949

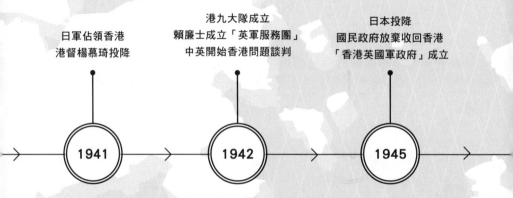

日軍佔領香港
港督楊慕琦投降

1941

港九大隊成立
賴廉士成立「英軍服務團」
中英開始香港問題談判

1942

日本投降
國民政府放棄收回香港
「香港英國軍政府」成立

1945

大事記

● 1937 年日軍開始全面侵華，
香港華人積極支持祖國抗戰；
港府對華人的抗日活動採取了容忍態度。

● 1941 年 12 月，日軍佔領香港，
香港開始了三年零八個月的日佔時期。

●二次大戰末期，國民政府被迫放棄收回香港，
英人恢復對香港的統治。

●當時亞洲民族主義運動風起雲湧，港督楊慕琦提出
「楊慕琦計劃」，試圖讓港人獲得普遍的參政權，卻
未得到認同。

●二次大戰後，「仁慈的獨裁制度」作為港府的主要
施政方針保留下來。

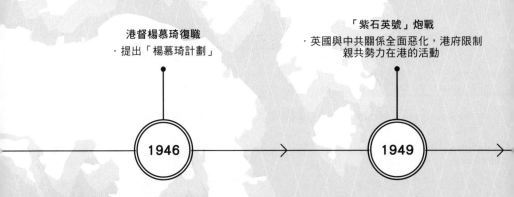

港督楊慕琦復職
·提出「楊慕琦計劃」

「紫石英號」炮戰
·英國與中共關係全面惡化，港府限制
親共勢力在港的活動

1946

1949

6.1

動員吧！
支援祖國

難民避港和香港各界的救助活動

1937 年，抗日戰爭全面爆發，內地數以萬計的難民湧入香港，房屋與醫療設備不敷應用。香港的慈善機構如東華三院、華人賑災會等竭力應付難民問題，港府也耗資 50 萬元，在北角、馬頭涌、京士柏公園修建了三所**難民營**，以收容市區的部分難民。

香港對祖國抗戰的貢獻

學者指出，自抗戰爆發後，日軍封鎖了中國的港口，香港成為國民政府**轉運戰略物資的重要管道**。同時，香港

華人為抗戰提供了積極的**物質支援**。1937 年盧溝橋事變後，香港湧現出數十個以援助抗戰為宗旨的社會團體，他們開展了各種**募款活動**。1938 年 8 月，深水埗的瓜菜小販率先開始義賣，獻金救國。義賣活動隨即擴大到中環、西環、上環等區。

此外，香港華人還組織回鄉服務團直接參與抗日。孫中山夫人宋慶齡亦在港創立「保衛中國同盟」，向外國人和華僑宣揚救國思想，籌募款項和物資，以支援中國的抗戰活動。

成為抗戰的文化活動中心

上海、南京、武漢等地相繼失陷，南方文化機構向香港轉移。內地報刊如《申報》、《大公報》、《國民日報》相繼在港復刊，大批內地左翼文人先後抵港，進步團體和組織相繼成立，令香港成為**中國南部宣傳抗戰的文化中心**。

1941 年 4 月，中共亦在香港創辦了《華商報》，宣傳抗日與民主思想。

國難當前，香港華人表現出強烈的愛國熱情。

·香港如何協助祖國抗戰？·

 提供人力、物力支援

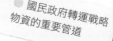 國民政府轉運戰略物資的重要管道

中國南部抗戰的文化宣傳與活動中心

 為內地抗戰活動籌募經費

 保衛中國同盟

主要活動

- 出版《保衛中國同盟新聞通訊》雙週刊，用中、英文字宣傳中國抗戰。
- 爭取各國人民對中國的同情和物質援助。
- 爭取華僑團體參加和支援抗日。
- 支援和幫助中共領導的抗日根據地建設。
- 救濟戰時受難兒童，設立難童收容所、孤兒院等。

 notes.
據港府的不完全統計，1938 年間，九廣鐵路在 31 週內共運送了 52,835 噸軍火到內地。

港府：忍！
不要惹禍上身！

港府的中立態度：對日妥協、對華容忍

抗戰初期，港府的態度明顯**受英國國防利益左右**。儘管英國政府預期將與日本發生軍事衝突，但仍然希望**避免刺激日本**而直接觸發戰爭。1938 年 9 月，港府宣佈香港為**中立區**：拒絕應國民政府的請求向香港華人提供武器，讓他們返回內地抗日；否決華人立法局議員向內地提供財政援助的建議；禁止香港紅十字會派人到內地戰區工作。

另一方面，**為免激起華人的反抗情緒**，港府對華人支援祖國的抗戰活動採取了容忍態度，並對國民黨與共產黨

在港設立辦事處不予干預。為免日人責難，港府亦容許
汪精衛派系的親日人士在港發行《南華日報》，進行宣
傳活動。

港府的備戰措施

在太平洋戰爭爆發前，英國政府並沒有固守香港的意
圖。1939 年德國入侵波蘭，英國正式對德國宣戰。此
時首相邱吉爾領導下的英國政府，決心加強香港的防衛
力量。港府同年下令所有年齡介乎 18 至 41 歲的英籍
男性，均須接受軍事訓練，擔任義務工作；次年更將英
籍婦孺撤退到澳洲。

此外，港府還採取了糧食統制、郵電檢查、徵收新稅項
及開鑿防空洞等備戰措施，但是，港府在安排防衛計劃
的同時，對本地華人保衛香港的熱誠持保留態度，**並未
廣泛號召華人參與保衛工作**。

• 英國戰時首相邱吉爾說：「如果英日爆發
戰爭，英國絕無機會堅守香港！」（1941
年 1 月致英國駐遠東軍總司令的函件）
• 想一想，為甚麼港府對香港人的抗戰意識
如此提防？

港府避免直接介入中國的抗戰活動。

·日軍侵港前夕港府的備戰措施·

1936.10
華民政務司向報界傳達港府嚴禁刊登的四項內容
- 禁止在抗戰混亂之際，有心人趁機挑動民族主義情緒，削弱英人對港的殖民統治

1939
港府追隨英國通過義務兵役法案，徵召適齡英籍男子服役
- 實施郵電及新聞檢查
- 進行防空演習
- 修築防空洞
- 加強對邊境地區的戒備
- 將港九多處劃成禁區或戒嚴區

1940.4
徵收薪俸稅、利得稅和物業稅

1940.6
將英籍婦孺撤退到澳洲

1940.11
發行戰時節約儲備券
約兩千人的加拿大兵團抵港，協助港府加強防務

如果英日爆發戰爭，英國絕無機會堅守香港！
（1941 年 1 月致英國駐遠東軍總司令的函件）

英國戰時首相邱吉爾

攻防，淪陷

日軍對在港英軍發動進攻

1941 年 12 月 7 日，日軍偷襲珍珠港；8 日，粵港邊界的日軍在司令官**酒井隆**的指揮下進攻香港。

日軍發動進攻前夕，已利用特工及間諜在港搜集情報，是以對英軍的防務情況瞭如指掌。戰事爆發之初，日本空軍轟炸啟德機場，摧毀了英軍的空防力量。隨後日軍在炮兵和航空部隊的掩護下向新界推進。英軍退守「醉酒灣防線」，未幾日軍突破防線，又向九龍推進。

12 月 11 日，駐港英軍司令**莫德庇少將**（Christopher Michael Maltby）下令守軍棄守九龍，撤回港島堅守，九龍市區被日軍迅速佔領，英日兩軍在維多利亞港隔岸炮戰。

楊慕琦向日軍投降

攻佔新界及九龍後，日軍企圖不戰而拿下香港島，遂對港督**楊慕琦**（Mark Aitchson Young）進行了勸降。兩次招降未果，日軍轉而訴諸武力，於 18 日晚登陸港島北角、鰂魚涌及筲箕灣，兩軍在黃泥涌峽激戰。22 日，日軍攻陷金馬倫山、灣仔峽和摩利臣山等英軍主要陣地。

24 日上午，日軍第三次向楊慕琦勸降，仍遭後者拒絕。其後，莫德庇向楊慕琦表示，戰局已無法扭轉，抵抗只會犧牲更多性命。最後楊慕琦於 25 日撤走部分軍政人員後，親赴九龍半島酒店日軍司令部向日軍無條件投降，從此香港開始了**三年零八個月**的日佔時期。

當時英軍約有 9,000 人投降，他們大部分被分批押到北角、深水埗等集中營拘禁。其他港府官員、英美僑民等 3,000 人則被送到赤柱集中營，因飽受日軍虐待，加上營養不良，不少人在拘留期間死亡。

駐港英軍因外援斷絕，與日軍強弱懸殊而投降。

・日軍進攻香港路線圖・

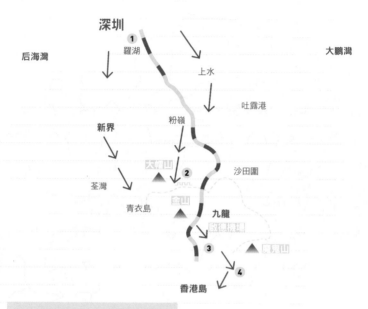

深圳

后海灣

羅湖

大鵬灣

上水

吐露港

新界

粉嶺

大帽山

② 沙田園

荃灣

金山

青衣島

九龍

啟德機場

③

④

香港島

1 12月8日，8時30分，日軍横越深圳河進攻香港。

2 12月11日，日軍突破城門水塘附近的醉酒灣防線。

3 12月13日，日軍佔領九龍，英軍退守香港島。

4 12月18日，日軍登陸香港島東部。

⎍⎍⎍ 城門棱堡
- - - 英軍防線
⟶ 日軍進攻路線

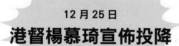

12月25日
港督楊慕琦宣佈投降

原來如此！

日本人來了

政府架構：從軍政廳到總督部

1941 年 12 月，日軍攻佔九龍半島後，在九龍半島酒店設立「軍政廳」治理香港，最高長官是率兵佔領香港的酒井隆。次年 2 月，日本宣佈香港為佔領地，並設立總督部代替「軍政廳」，由陸軍中將**磯谷廉介**出任總督。

「軍政廳」統治香港時期，日人**以華制華**，實行**分區管治**，將香港分成港島、九龍、新界三區，設立地區事務所，由日人任所長；事務所下設若干區，由當地華人出任區長。進入「總督部」時期，在地區事務所之下，香港被分成二十八區，各區役所須直接向地區事務所所長

負責，**奠定了香港日後發展分區管治的基礎**。為粉飾太平，日人威迫利誘華人精英，成立了「華民代表會」與「華民各界協議會」。

糧食配給政策

日人佔領香港後，查封全港倉庫，實施**糧食配給**制度，不僅「計口授糧」，對其他副食品也實行公賣配售。為解決糧食不足問題，日佔政府還實施**華人歸鄉政策**，強迫一無工作、二無居所的華人離開香港。

發行軍票

日人治港期間推行了**掠奪性的金融政策**，宣佈**軍票**（日本政府用於發放軍餉的貨幣，其匯率由日軍任意決定）在香港市面流通。1943 年 6 月，總督部宣佈停止使用港幣，規定市民須於限期內，將港幣換成軍票。

· 日人統治香港的政策 ·

目標：使香港成為「大東亞共榮圈」的
軍事和經濟據點

政治上

- 驅逐英美勢力
- 建立東京方面直接管理的總督部
- 以華制華，分區管治
- 鼓勵華人反對英國的殖民統治

經濟上

- 掠奪香港的物資
- 接管英、美等同盟國的銀行和資產
- 恢復香港的交通與貿易運作，統制經濟活動
- 實行糧食配給制
- 強制華人歸鄉
- 發行軍票
- 扶植日商的經濟勢力

社會文化上

- 推行日化政策
- 扶植香港親日勢力
- 將原有的英化地名換上日化名稱
- 推行日語教育，美化日本的侵略

 notes.

「大東亞共榮圈」即以日本與「滿洲國」、中國為一個經濟共同體，東南亞為資源供給地區，南太平洋為國防圈。雖然「大東亞共榮圈」以「解放殖民地、相互尊重、彼此獨立」為號召，但事實上圈內的獨立國家由日軍控制。

日人旨在將香港建設成為「大東亞共榮圈」的軍事和經濟據點。

日佔時期，壓迫與反抗

社會秩序失控

日佔初期，日軍肆意劫掠，不少洋人與華人也加入搶掠，使香港陷入**無政府狀態**。1942 年春，日軍進行全港人口總清查，搜捕嫌疑分子；市面治安由日軍憲兵隊負責，不少無辜港人被捕扣押，逼供致死。憲兵隊還常藉口檢查或搜捕抗日分子，隨意闖入民宅為所欲為。

言論被箝制，尊嚴被踐踏

日本殖民政府為**控制言論**，對所有的新聞通訊及文化活動實行了嚴格的檢查。同時，香港人尊嚴也備受踐踏。

平時市民路過日軍哨站，若不向站崗的日軍鞠躬行禮，輕則遭到掌摑，重則招致殺身之禍。

市民生活朝不保夕

日軍佔領香港後，馬上**封存了儲備米糧**，導致市民爭相搶購糧食。1943 年後，日軍在太平洋戰場失利，香港物資供應嚴重不足，加上日佔政府**濫發軍票**，引致**物價飛漲，輪購米糧**成為當時香港居民的集體回憶。其後日本殖民政府更取消米糧配給，不少港人餓死街頭。

為貫徹歸鄉政策，日軍將街上無業者和乞丐押上木船拖出公海漂流，其中不少遣返船被洗劫或被日人擊沉。

東江縱隊與英軍服務團

抗戰爆發後，中共在廣東東江地區組織了武裝游擊隊，在日佔區從事抗日活動。香港淪陷後，游擊隊成立總隊（後改名為**「東江縱隊」**），其旗下的「港九大隊」是一支著名的隊伍，與日軍周旋，營救同盟國被俘人員。

1942 年，**「英軍服務團」**（British Army Aid Group）成立，多次與東江縱隊合作，策劃營救英軍人員，並佈置秘密交通路線，組織情報站，使不少被囚香港的外籍人士得以脫逃。

日佔時期香港人的生命與財產得不到保障，生活時刻處於恐懼中；而有組織的抵抗活動亦未間斷。

·日佔時期的軍票發行及糧食政策·

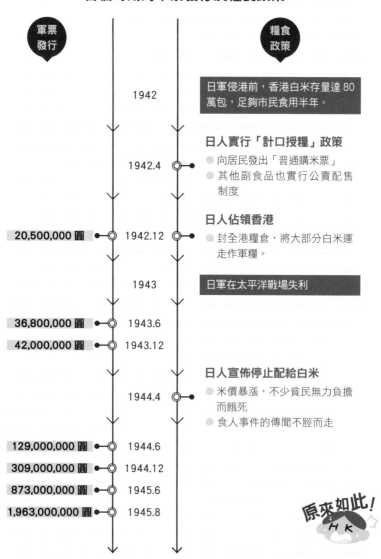

軍票發行

糧食政策

	軍票發行	時間	糧食政策

1942 ── 日軍侵港前，香港白米存量達 80 萬包，足夠市民食用半年。

1942.4 ── **日人實行「計口授糧」政策**
- 向居民發出「普通購米票」
- 其他副食品也實行公賣配售制度

20,500,000 圓 ── 1942.12 ── **日人佔領香港**
- 封全港糧倉，將大部分白米運走作軍糧。

1943 ── 日軍在太平洋戰場失利

36,800,000 圓 ── 1943.6

42,000,000 圓 ── 1943.12

1944.4 ── **日人宣佈停止配給白米**
- 米價暴漲，不少貧民無力負擔而餓死
- 食人事件的傳聞不脛而走

129,000,000 圓 ── 1944.6

309,000,000 圓 ── 1944.12

873,000,000 圓 ── 1945.6

1,963,000,000 圓 ── 1945.8

原來如此！
HK

＊資料出自高添強、唐卓敏編《香港日佔時期》（1995），頁 109。

6.6

戰後，
英國強硬回歸

國民政府被迫放棄收回香港

二戰後期，中國國民政府與英國政府就香港主權問題意見相佐，以蔣介石為首的國民政府雖然得到美國總統羅斯福（Franklin Delano Roosevelt）的支持，但**英國首相邱吉爾態度強硬。**

1945 年 8 月，日本宣佈投降後，中英就由誰有資格從日軍手中接收香港發生嚴重爭執。8 月 24 日，考慮到與盟國的關係和現實中存在的障礙，蔣介石就香港的前途作出公開聲明，表示中國不會破壞國際公約或侵犯盟國的利益，乘機派兵佔領香港；申明香港的地位是由中

英兩國所簽訂的條約決定的，任何改變都需要通過雙方在友好的談判後達成。這項聲明也成了國民政府在戰後初期對港政策的依據。

·二戰後蔣介石為何放棄收回香港？·

防止中國與同盟國關係惡化
- 避免中英交惡
- 避免妨礙中蘇兩國就收復新疆及東北三省問題所進行的談判

國共矛盾
- 抗戰後期國共爭奪地盤日趨激烈
- 擔心中共領導的東江縱隊搶先佔領香港

美國的支持不復存在
- 支持中國收回香港的美國總統羅斯福病逝
- 太平洋戰場的盟軍統帥麥克亞瑟（Douglas MacArthur）將軍支持英國在亞洲重建殖民帝國

軍政府的短暫統治

1945年8月30日，英國太平洋艦隊司令**夏慤**（Cecil H. J. Harcourt）從日軍手上接收了香港。9月1日，「香港英國軍政府」成立，由夏慤出任軍政府首長，軍政府隨即宣佈日本發行的軍票作廢，恢復港元的法定地位；又制定了各種穩定經濟、抑制通貨膨脹、保障物資供應

的措施。至 1945 年 11 月，除部分物資外，市場的自由買賣大致恢復。1946 年 5 月，前港督楊慕琦復職，軍政府的統治亦告結束。

懲處與日本合作者和香港經濟的快速恢復

英人為求盡快恢復在港治權，對跟日人合作者採取了較**寬容**的處理態度和**區別對待**。例如與日人積極合作的華人精英羅旭龢被勸退出香港社交圈，對日人的拉攏採取消極合作態度的羅文錦則被起用。

在英人管理下，戰後千瘡百孔的**經濟得以迅速復元**。1945 年 11 月，軍政府開放港口設施給商人使用，香港物資輸入逐漸恢復正常。由於內地社會經濟秩序尚未恢復穩定，大量人口和資金流入香港，解決了戰後香港資金不足、勞動力短缺的問題。

notes.

• 形勢比人強！國民政府沒有足夠能力強收香港；收回香港也不是眼前最迫切的事。
• 英國首相邱吉爾說：「要英國把香港交回中國，只有跨過我的屍體才能實現！」（1945 年 4 月對美國駐華大使建議將香港交回中國的回應）

第六章　風暴來臨，日佔及國共內戰時期（1941-1949）

楊慕琦計劃

計劃提出的背景

日佔時期日人提出建立「大東亞共榮圈」（見 6.4）的宣傳口號，部分香港華人或為取悅日人，或為表達對英人的不滿，不時在報章上發表言論，**抨擊英人治港時的苛政**。1946 年 2 月，在港出生的英葡混血人士巴嘉（V. Braga）上書英國外相，評論戰前英人歧視和苛待香港華人的事例，英國政府遂指示楊慕琦研究改善辦法。

學者指出當時不少高級官員認為港府當務之急，是要**「公平地善待華人；審慎篩選廉潔而了解華人的英國官員」**。經討論，楊慕琦決定廢除禁止華人居住山頂區的

法令，又於 1948 年委任日佔時曾效力於英軍服務團（見6.5）的香港大學畢業生徐家祥，擔任首位華人政務官。

計劃的內容及結果

1946 年 5 月，楊慕琦返港復任港督後，提出**「發展香港人民自治計劃」**如下：

設立一個三十人的市議會

成員
- 半數華人
- 半數洋人

議席分布
- 二十個民選議席
- 十個港府委任議席

產生方法
- 洋人以全港為一選區，選出十名議員
- 將香港劃為十個選區，從每個選區選出一名華人代表，成為華人民選議員。

選民條件
- 英籍人士在香港居住滿一年便有選舉權
- 非英籍人士（主要是華人）需要在香港居住較長時間，例如十年，才有選舉權和被選舉權。

計劃推出後，香港市民反應十分冷淡。1947 年，楊慕琦的繼任者葛量洪（Alexander Grantham）上任，他認為英國應該實行「仁慈的獨裁政治」，因此拖延實行計劃。1948 年末，中國內地政局急劇轉變，國民黨政權大勢已

楊慕琦為維持戰後英國對香港的統治，提出了新的政治改革方案。

去，英人認為此時不宜實行此計劃。另外，英國政府內部對於香港政制的改革也有分歧，結果計劃被擱置。

·楊慕琦計劃為何未能落實？·

1 英國政府內部對改革方案存在分歧
- 殖民地部傾向支持該計劃 V.S. 外交部則擔心此舉會激怒中國政府

2 1949 年中國共產黨成功奪得內地政權
- 英人擔心中共會趁機收回香港

3 親英的華人精英擔心中國政府會左右香港的議會政治

4 中國出兵朝鮮，導致中國與以美國為首的資本主義國家關係破裂

5 在港英籍高官擔心改革會削弱行政權力

6 繼任者葛量洪的反對
- 對香港社會認識較深，認為不可能將華人改造成忠心的香港市民或英國子民
- 認為首要任務是妥善處理內地與香港的關係，而不是政制改革

notes.

英國人管治香港的政策在極大程度上受中國內地的政治形勢所影響。

國共內戰時期，港府處處提防

親共力量在香港的發展

國共內戰時期，香港是中共和各民主黨派進行**宣傳活動的重要基地**。不少被國民黨排擠的民主黨派人士均來香港活動，並創辦《光明報》等報刊進行輿論宣傳。1946 年，中共和民主黨派人士在港創辦達德學院，不少內地知名學者應邀到該校講課。

英國擔心中共收回香港

1948 年末，中共在內戰中勝利在望。中共和民主黨派在香港積極展開活動，港府對此相當緊張。英國外交大

臣貝文建議必須提防中共可能通過煽動罷工，達到癱瘓香港經濟的目的。

1949 年 1 月，英國政府擬定「香港緊急防衞計劃」，決定增強香港防務。達德學院因培養中共幹部，於同年 2 月被迫關閉。4 月 20 日，解放軍與英國軍艦「紫石英號」發生炮戰，中英關係全面惡化。**港府擔心中共可能通過在香港製造騷亂，達到收回香港的目的，**因此通過一系列法例，限制親共勢力在香港的活動。

內地與香港邊境的關閉

自開埠以來，在正常情況下，內地與香港居民均可自由出入邊境關卡。1949 年初，港府鑑於大量人口湧入香港，宣佈施行**《1949 年移民管制條例》**，管制非香港土生人士進出香港以及在港活動；同年 8 月，港府公佈《人口登記條例》，發給入境者及本地居民身份證，容許執法人員隨時搜查民居及所有物，並可進行扣留或逮捕。1951 年 2 月，內地政府亦實施「港澳僑胞返國人口辦法」，規定港澳居民入境須申請通行證。**從此兩地居民不能自由出入邊境**，影響了日後香港歷史的發展。

·1949 年港府限制親共力量在港活動及難民入境的法例·

《1949 年移民管制條例》
● 1949 年 4 月
● 目的：
* 管制非香港土生人士來港、離港以及在港的活動。
● 規定：
* 任何人進出香港，須據實回答移民官的盤問並出示證件，移民官有權不許以下人入境：
1. 無法證明有自給和養家能力的人；
2. 不能證明入境後即有工作或有相當把握找到工作的人；
3. 有鼓勵叛亂和擾亂公共安寧的嫌疑者。

《驅逐不良分子出境條例》
● 1949 年 8 月
● 規定：
* 執法者可將「不良分子」驅逐出境，但當事人若能證明他是英籍人士，或已在港居住十年以上者例外。
* 太平紳士可以下令授權警方人員進入有「不良分子」嫌疑的居所搜查。
* 高級警務人員可命令有「不良分子」嫌疑的人隨他到拘留所。

修訂《1922 年緊急條例》
● 1949 年 8 月
● 目的：
* 使觸犯《緊急條例》的人可被判處死刑。
* 使港督和行政局依條例行事、與其他法律相抵觸時，可以凌駕在其他法律之上。

《人口登記條例》
● 1949 年 8 月
● 規定：
* 發給入境者及本土居民「香港身份證」。
* 領證者變更地址即須呈報。
* 執行本法例時，可隨時搜查居民的身體、住宅及所有物，並可進行扣留或逮捕。

國共內戰的末期，港府開始制定政策限制親共勢力在港的活動。

香港大事年表

年份	政治	社會與文化	經濟
1841	英軍佔領香港島。 義律發出《義律文告》。		義律宣佈香港為自由貿易港。
1842	中英簽訂《南京條約》，香港島被割讓予英國。	美國傳教士叔未士在上環設立「皇后道浸信會」，這成為中國近代史上第一所新教教堂。	
1843	英國皇室簽發《英王制誥》及《皇室訓令》。 行政局與立法局成立。	英華書院從麻六甲遷到香港。	砵甸乍下令將香港島北部市區命名為「維多利亞城」。
1844	高等法院正式成立。 港府實施保甲制度。		皇后大道修築完成。
1845		港府在跑馬地興建公共墳場。	香港第一家銀行東藩匯理銀行首次發行紙幣。 港府首次徵收「差餉」。
1846	耆英奏請築建九龍城寨。	倫敦傳道會成立英華女校。	英商鐵行輪船公司開闢香港至上海的不定期航班。
1847		港府成立教育委員會，檢討教育政策。 香港華人領袖興建文武廟。	
1848		港府開始資助中文學校。	英國政府減少對香港的財政撥款。
1849			美國加州出現採金熱潮，苦力貿易逐漸興盛。

1841 ➤ 1949

年份	政治	社會與文化	經濟
1850	港府首次建議委任兩名太平紳士出任立法局非官守議員。	聖保羅書院開學。	省港快輪公司正式開通港澳航線。
1851		廣福義祠建成。	澳洲發現金礦，華人經港赴澳者日眾。
1852			鐵行輪船公司開闢香港至加爾各答的定期航線。
1853	港督文咸出訪太平天國的首都南京。	香港的第一份中文報刊《遐邇貫珍》創刊。	
1854	港督寶靈前往廣州，要求修改《南京條約》。	紅兵圍攻廣州，不少廣州富商遷居香港。	
1855	寶靈向英國政府建議擴大立法局議員名額，但建議未獲批准。		寶靈提出香港島北部的填海計劃，但遭到英商的反對。 本年香港個人繳納地稅 10 英鎊以上者 141 人，其中華人 42 人。
1856	「亞羅號事件」爆發，成為第二次鴉片戰爭的導火線。		南北行商人高滿華來港開設商行「元發行」。
1857	「毒麵包案」發生。 中央警署建成。	港府頒佈《皇家書館則例》，規範香港官立學校的運作。	
1858	英法聯軍攻陷廣州。 英國政府任命布魯斯為駐華公使，寶靈只擔任港督一職。	華人黃勝出任首名華人陪審員。	

年份	政治	社會與文化	經濟
1860	中英簽訂《北京條約》，九龍半島被割讓予英國。		
1861	港府廢除保甲制度。	伍廷芳主持的《香港中外新報》正式發行。	外商成立「香港總商會」。
1862	開始推行「官學生」制度。	中央書院成立。 香港正式發行郵票。	
1863		薄扶林水塘竣工，是為香港的首座儲水庫。	香港黃埔船塢公司成立。 香港首次發行硬幣。
1864			南北行商人組成同業團體，議定《南北行規約》。
1865	行政、立法兩局官守議員開始設立當然議席。		滙豐銀行正式開業。
1866		各區坊眾集議設立「四環更練館」。	港府於銅鑼灣設立香港造幣廠。
1867		港府開放賭禁。	開徵「印花稅」。
1868	港督下令禁止清廷水師進入香港水域。		首個華人商業團體南北行公所在港正式成立。
1869		香港首代大會堂落成啟用。	蘇彝士運河竣工，促進了香港航運業的發展。
1870		東華醫院選出首屆董事會。	英資太古洋行在港設立總部。
1871			香港與上海之間的電報正式開通。
1872		港府恢復禁賭。 《華字日報》創刊。 東華醫院正式落成啟用。	
1874		《循環日報》創刊。	

年份	政治	社會與文化	經濟
1877			李陞等人創辦「安泰保險公司」，該公司成為香港第一家華資保險公司。
1878		伍廷芳被委任為首位華人太平紳士。 港督軒尼詩要求加強中央書院的英語教學。	
1880	軒尼詩委任伍廷芳出任首位華人立法局議員。	保良局正式成立。 第一輛人力車開始投入使用。	
1881	立法局通過《華人歸化英籍條例》，准許華人歸化英籍。	港府公佈在港華人有113,462人，其中本地出生者為3668人，約佔3.2%	太古洋行在鰂魚涌開設煉糖廠。
1883	孫中山入讀拔萃書室，並受洗成為基督徒。	潔淨局成立。 港府在尖沙咀設立天文台。	
1884	孫中山入讀香港中央書院。 港府通過法例，授權港督可把嫌疑分子和危險分子驅逐離港。 港府委任黃勝出任立法局議員。	中法戰爭期間，香港碼頭工人發動反法罷工。 香港賽馬會成立。	
1886		港府成立公共衛生調查委員會。	滙豐銀行在中區新建大廈落成啟用。
1887	位於鯉魚門的炮台防禦系統建成。	香港西醫學院正式成立。 立法局通過《1887年公共衛生條例》。	
1888			山頂纜車建成通車。 黃埔船塢公司的第一號碼頭落成。

年份	政治	社會與文化	經濟
1889	開闢昂船洲為軍事禁地。		香港電燈公司註冊成立。
1891		港府批准成立團防局。	香港股票經濟協會成立。 中華匯理銀行成立。
1892	輔仁文社成立。 孫中山於西醫書院畢業。	保良局正式成為法團。	
1894	港督威廉‧羅便臣上書英國政府，建議拓展香港領地。	維多利亞書院改名為「皇仁書院」。 鼠疫事件爆發。	
1895	興中會總部在香港成立。 乙未廣州起義爆發。		
1896	港督簽發驅逐孫中山的出境令。 立法局增加一個華人非官守議席。	港府整頓東華醫院。	華商正式組成「中華會館」。
1897	港府取消開埠以來的宵禁令。		
1898	英人強租新界。		天星小輪公司成立。
1899	新界鄉民反對英人接管新界，爆發大埔之戰。 英人強佔九龍城寨。		中英簽訂《廣九鐵路草合同》。
1900	兩廣總督李鴻章兩次訪港。	革命報刊《中國日報》首次發行。	先施百貨公司開業。 《1900年新界（田土法庭）條例》頒布。 華商公局成立。
1901	楊衢雲在港遇刺身亡。	香港基督教青年會正式成立。	
1902	孫中山從日本返港。		香港電車有限公司成立。

年份	政治	社會與文化	經濟
1903		《南華早報》創刊。 港府下令水坑口全部妓寨遷至石塘咀。	
1904	港府頒佈《山頂區保留條例》。		港島電車全線通車。
1905	同盟會香港分會成立。	香港商民發動抵制美貨運動。	
1907	港府首次頒佈取締華民報紙的條例。 新界設立理民府。		
1908		「二辰丸」事件引發反日運動。 香港第一間工會「中國研機書塾」正式成立。	香港街頭出現第一輛汽車。
1909	同盟會在港建立南方支部。	華商劉鑄伯、楊碧池成立香港孔聖會。	填築紅磡灣海灘工程竣工。
1910			九廣鐵路英段鐵路完成。
1911	廣州黃花崗之役爆發。 武昌起義爆發，香港華人熱烈慶祝。	第一次飛機表演在沙田試飛成功。 廣華醫院建成。	九廣鐵路全線通車。
1912	孫中山經香港返回內地。 港督梅含理遇刺。	華人發動「抵制電車」運動。 香港大學正式開學。	華商成立廣東銀行，是為香港第一家華資銀行。
1913	梅含理向英國政府建議不再委任何啟為立法局議員。	港府頒佈《1913年教育條例》。 黎民偉創辦香港第一間電影製片公司「華美影片公司」。	香港華商總會成立。 港府公佈禁止外幣在香港流通的法例。
1914	第一次世界大戰爆發，港府沒收德人在港資產。	香港政府華員會成立。	啟德公司發起填築九龍灣海灘。
1918		跑馬地馬棚發生大火，遇難者達600餘人。	東亞銀行成立。

年份	政治	社會與文化	經濟
1920		香港華人機器會發動大罷工。 官立漢文師範學堂成立。	北角電力廠正式供電運作。
1921	港府禁止慶祝孫中山就任非常大總統。		
1922	海員大罷工。	香港成立「防範虐婢會」。	
1923	孫中山訪港，在香港大學發表演說。	港府頒布《1923年家庭女役條例》，廢除妹仔制度。 學海書樓創辦。	油麻地小輪公司正式成立。
1924	新界鄉紳成立「農工商業研究總會」。		
1925	省港大罷工爆發。	英國交還吉慶圍的鐵門。	
1926	新界鄉議局成立。 港府委任周壽臣為首位華人行政局議員。 省港大罷工結束。	香港官立漢文中學成立。 香港總工會成立。	受大罷工影響，香港經濟大受打擊。
1927	港府封閉香港工團總會。	魯迅三次到訪香港。 香港大學中文系正式成立。	
1928	港督金文泰到訪廣州。	香港電台正式開播。	
1929	立法局將華人議席增至三個。	東華東院落成啟用。	灣仔填海工程全部完成。
1931	港府逮捕中共黨員蔡和森。	東華三院實行統一管理，選出 26 名首任總理。	省港長途電話正式開通。
1932		香港水荒嚴重，港府免費為市民安裝水表，撤銷旁喉制度。 香港宣佈禁娼。	受世界性經濟危機的影響，香港百業蕭條。

年份	政治	社會與文化	經濟
1933	九龍城寨居民迫遷事件。	太平、高陞兩戲院首創男女同班演出粵劇。	廣東省政府主席陳濟棠邀請港澳商人返粵興辦實業。 恆生與永隆兩銀號開業。
1934			中華廠商聯合會成立。
1935		潔淨局易名為「市政局」。 許地山出任香港大學中文系主任。 賓尼來港考察香港教育制度。	香港金銀貿易場落成。 港府設立外匯基金。
1936	港督郝德傑前往廣州拜會蔣介石。		
1937	抗日戰爭爆發，香港成為抗戰物資的重要輸入港。	瑪麗醫院建成。 香港首次舉辦中學會考。	
1938	廖承志在港設立八路軍辦事處。 宋慶齡在港成立「保衛中國同盟」。	港府設立勞工處。 內地大量難民逃到香港。 內地文化機構與文人大量南遷香港。	
1839		中華全國文藝界抗敵協會香港分會正式成立。	港府實施糧食價格及外匯管制。
1940	蔣介石派代表在香港與日本秘密會談。	前北京大學校長蔡元培於香港逝世，安葬於香港仔華人永遠墳場。	香港荳品有限公司成立，生產維他奶品牌的豆奶飲品。
1941	日軍攻佔香港。 日本軍政廳成立。		日本軍政廳推行軍票制度。

年份	政治	社會與文化	經濟
1942	香港佔領地總督部成立。 「華民代表會」和「華民各界協議會」正式成立。	日人發起「歸鄉生產運動」，疏散香港人口。 港九大隊活躍於新界各區。 日人推行糧食配給制度。	日人擴建啟德機場。 日人發行迫簽紙幣。
1943	英國政府成立「香港計劃小組」，研究和制訂戰後香港的政策措施和工作計劃。	香港的物資供應嚴重不足，不少市民餓死街頭。	日人禁止港幣流通。
1945	日本宣佈無條件投降。 蔣介石宣佈暫時放棄收回香港。 香港英國軍政府正式成立。		軍政府實行物資統制政策，並宣佈軍票作廢。
1946	香港軍事法庭審判日本戰犯。 撤銷軍政府，楊慕琦復任港督。 楊慕琦提出政改方案。	達德學院正式開課。	港府宣佈迫簽港幣通用。 國泰航空公司正式成立。
1947		香港人口增至 180 萬人。 高等法院允許女性出任陪審員。	港府開徵物業、薪俸等稅項。 大量華資流入香港。
1948	英國外交大臣貝文建議必須提防中共可能通過煽動罷工，達到癱瘓香港經濟的目的。	香港《文匯報》正式創刊。	

年份	政治	社會與文化	經濟
1949	英國政府擬定「香港緊急防衞計劃」，增強香港防務。 港府宣佈施行《1949年移民管制條例》及《人口登記條例》。	港府下令關閉達德學院。 廣州珠海大學遷港，改名珠海書院。 華人革新協會成立。 錢穆等學者來港創立「亞洲文商專科夜校」（後改名為「新亞書院」）。	該年進出口貿易總值首次突破 50 億。

備忘

香港大事年表（1841-1949）

速讀香港史（遠古 - 1949）

周子峰 著

責任編輯　郭子晴
裝幀設計　霍明志
排　　版　吳丹娜
印　　務　劉漢舉

出版
中華書局（香港）有限公司
香港北角英皇道四九九號北角工業大廈一樓 B
電話：（852）2137 2338　傳真：（852）2713 8202
電子郵件：info@chunghwabook.com.hk
網址：http://www.chunghwabook.com.hk

發行
香港新界荃灣德士古道 220-248 號
荃灣工業中心 16 樓
電話：（852）2150 2100　傳真：（852）2407 3062
電子郵件：info@suplogistics.com.hk

印刷
美雅印刷製本有限公司
香港觀塘榮業街六號海濱工業大廈四樓 A 室

版次
2021 年 2 月初版
©2021 中華書局（香港）有限公司

規格
16 開（210mm×148mm）

ISBN
978-988-8676-94-1